Sabine Küpper · Gymnastik für Geländepferde

Handbuch für Pferdebesitzer

Sabine Küpper

Gymnastik für Geländepferde

Müller Rüschlikon

Einbandgestaltung: Andreas Pflaum

Titelfoto: Lothar Lenz
Foto auf der Umschlagrückseite: Hans D. Dossenbach

ISBN 3-275-01289-4

1. Auflage 1999

Fotos: Sabine Küpper
Zeichnungen: Christine Abée
Textredaktion: Sigrun Zühlke/Marie-Luise Bezzenberger
Innengestaltung: Marit Wolff
Reproduktion: digi bild reinhardt, 73037 Göppingen
Druck: Maisch & Queck, 70839 Gerlingen
Bindung: E. Riethmüller, 70176 Stuttgart
Printed in Germany

INHALT

Inhalt

Die Autorin

Sabine Küpper war als Redakteurin für verschiedene Zeitungen und Pferdefachzeitschriften tätig, bevor sie sich als Fotografin und Journalistin selbstständig machte. Die erfahrene Ausbilderin von Pferden und Reitern hat mehrere Bücher veröffentlicht (im Müller Rüschlikon Verlag bereits erschienen: »Pferde-Training an der Longe«). Sabine Küpper lebt in Mülheim an der Ruhr.

FITNESS FÜR GELÄNDEPFERDE

Fitness für Geländepferde

Ohne Leistungsdruck: Als Geländereiter können Sie Ihr Pferd behutsam gymnastizieren, ohne an Turniererfolge zu denken.

Geländereiten – Lust oder Frust?

Seien wir doch einmal ehrlich: Als wir mit dem Reiten anfingen, haben wir alle mehr oder weniger davon geträumt, eine zentaurengleiche Symbiose mit dem Pferd einzugehen. Trotzdem begegnet man überall Pferden, für die der tägliche Ritt ein notwendiges Übel zwischen zwei Mahlzeiten ist.

Damit sollte man sich aber nicht zufrieden geben. Ich unterstelle einfach mal, dass alle Reiter möchten, dass ihr Pferd Freude an der gemeinsam verbrachten Zeit hat. Man möchte nicht nur von A nach B getragen werden, sonst könnte man ja schließlich auch Motorrad fahren. Da ist es mehr als deprimierend, wenn das Pferd lustlos und faul seine Runden abreißt. Und das gilt beileibe nicht nur fürs Dressurviereck. Auch als Geländereiter sollte man sich immer wieder die Frage stellen: Langweilt sich mein Pferd? Wie kann ich ein bisschen mehr Abwechslung in das tägliche Einerlei bringen?

In diesem Buch will ich Ihnen einige Möglichkeiten dazu aufweisen. Glauben Sie mir: Aus so manchem müden Aschenputtel oder hyperaktiven Nervenbündel ist schon ein selbstbewusstes, lebensfrohes Pferd geworden, sobald es ein bisschen gefördert wurde.

Als Geländereiter haben Sie keinen Wettkampf im Nacken, Sie müssen nicht bestimmte Lektionen beherrschen. Lassen Sie sich also Zeit, versuchen Sie, Ihre Schwächen abzubauen und die Defizite Ihres Pferdes auszugleichen. Wenn Sie dies engagiert betreiben, werden Sie schon bei den ersten kleinen, vorsichtigen Anfängen Glücksgefühle erleben, die Ihnen auch der schönste Ausritt am hingegebenen Zügel nicht vermitteln kann. Von dem Hochgefühl, wenn Ihr Pferd anfängt, unsichtbare Zeichen zu beachten, ganz zu schweigen. Reiten wird viel schöner und auch einfacher, wenn man die »graue Theorie« der Pferde-Gymnastizierung in die Praxis umsetzt. Wer sich die Zeit für diese fesselnde Materie nimmt, dem wird auch dann nicht langweilig, wenn er zum hundertsten Mal die bekannte Hausrunde reitet.

Fit durch Fun

Was ist Fitness?

Ein Pferd fit zu erhalten, bedeutet, es gesund zu erhalten. In einer natürlichen Herde sind Pferde dauernd in Bewegung: bei der Nahrungssuche, bei Rangkämpfen, beim Spielen. So erhalten sie sich den Grad an Fitness und Beweglichkeit, den sie brauchen, um sich wohl zu fühlen. Leider findet diese naturgemäße Gymnastizierung in den vom Menschen zusammengewürfelten Herden nicht immer statt, denn meist entsprechen weder die Gruppenzusammensetzung noch die Haltungsbedingungen wirklich den Gegebenheiten in der freien Natur. So sieht man häufig Pferde, die sich auch im Offenstall oder im Auslauf die Beine in den

Bauch stehen. Hier sollte der Reiter einspringen und in seiner Rolle als »Herdenchef« das Pferd so gymnastizieren, dass es sich größtmöglicher Fitness erfreut.
Aber Vorsicht: Verwechseln Sie Fitness nicht mit Kondition! Ein Pferd kann über die beste Kondition verfügen – wenn es sich dabei nicht wohl fühlt, ist es trotzdem nicht fit. Nicht zuletzt darf man auch das seelische Wohlbefinden nicht vergessen.

Ach, ich bin doch nur Geländereiter ...

... muss ich mein Pferd und mich wirklich mit irgendwelchen Übungen quälen, nur um gemütlich allein oder mit Freunden durch den Wald zu reiten? Wer gondelt schließlich nicht gern am langen Zügel durch die Natur? Aus diesem Grund haben wohl die meisten Freizeitreiter mit dem Reiten angefangen.
Hat man ein unkompliziertes Pferd, das außerdem noch perfekt gebaut ist und natürlich im Gleichgewicht geht, wird dies in einigen Fällen auch gut gehen. Nur sieht man ein solches Geschöpf in der Realität beinahe ebenso selten wie das Ungeheuer von Loch Ness. Wesentlich häufiger erlebt man gerade in der Geländereiterei Pferde, die nicht zu wissen scheinen, wie sie ihre vier Beine sortieren sollen, und die offensichtlich keine Ahnung haben, wie sie die Last auf dem Rücken am besten tragen können. Viele Tierärzte leben davon, Lahmheiten und Rückenprobleme in den Griff zu bekommen, die eigentlich nur eine Ursache haben – falsches bzw. nicht auf das Pferd abgestimmtes Reiten. Ohne eine naturgemäße Gymnastizierung setzen wir die Gesundheit unserer Pferde aufs Spiel. Wir können uns dem auch nicht dadurch entziehen, dass wir einfach überhaupt nicht reiten. Die Zahl der Pferde, die sich auf der Weide krank stehen, ist kaum kleiner als die der Reitkrüppel. Natürlich bereitet es viel Mühe, sein Pferd anatomisch richtig zu trainieren. Und je mehr man über diese Materie erfährt, umso mehr merkt man, wie viel man noch zu lernen hat und wie schwer es ist, das Ziel seiner Träume zu erreichen. Es kann auch finanziell aufwändig sein, weil man z. B. oft sehr weit fahren muss, um den »richtigen« Reitlehrer oder Bereiter zu finden.
Viele Reiter scheuen auch einfach die Anstrengungen und Mühen des Dressurreitens oder sind durch Negativbeispiele aus der Reitschule abgeschreckt worden. Wie oft sieht man in Reithallen und -bahnen, dass vorn mit harter Hand gegen die Energie geriegelt wird, die man mit rhythmischen Sporenstichen hinten gerade erzeugt hat? Diesen negativen Eindruck bekommen viele Freizeitreiter nicht mehr aus ihren Köpfen. So etwas wollen sie ihren Pferden nicht antun und verabschieden sich deshalb gänzlich vom Dressurreiten und von der gesamten Gymnastizierung. Sie vergessen dabei, dass man selbst entscheiden kann, wie man sein Pferd reitet – ob man es in eine starre Pose zwingt oder an die richtige Haltung heranführt. Und genau das ist es, was gutes von schlechtem Reiten unterscheidet.

Sicher gibt es Pferde, die sich von Natur aus perfekt ausbalanciert bewegen, aber auch hier ist man als Reiter gefordert, dieses Gleichgewicht zu erhalten und zu vervollkommnen. Solche »Musterexemplare« sind jedoch eher selten. In der Regel hat jedes Pferd eine oder mehrere »Achillesfersen«, die es auszugleichen gilt. Gerade ungünstig gebaute oder schwache Pferde sollten vom Gerittenwerden profitieren, es sozusagen als eine Art Krankengymnastik erleben.

Für jeden Reiter sollte es selbstverständlich sein, sich zu bemühen, sein Fachwissen und Können zu erweitern und dafür Sorge zu tragen, dass er sein Pferd nicht kaputtreitet. Viele Grundsätze des Dressurreitens gelten auch für den Geländereiter und bieten ihm eine Chance zu größerer Harmonie mit dem Pferd – und dem Pferd darüber hinaus ein gesünderes und erfüllteres Leben.

Wer sich in diesem Sinn mit Pferden beschäftigt, wird jedenfalls nie wieder Beinschäden, Haltungsfehler, chronische Mangelerscheinungen oder Folgen von Erziehungsfehlern »in Kauf nehmen«, wird sich nie mehr damit abfinden, dass sein Pferd »aus Zeitmangel« im Stall oder auf der Weide vergammelt.

Der Weg ist das Ziel

Welchen Ausbildungsweg man letztendlich mit seinem Pferd geht, ist eigentlich nicht so wichtig. Wichtig ist, dass man anfängt, pferdegerechter zu reiten. Das heißt, dass das Pferd so gefördert wird, dass es bei gleicher oder höherer Belastung länger gesund bleibt.

Sicherlich ist es schon nicht einfach, aus einem jungen, unverdorbenen, gut gebauten Pferd ein zuverlässiges, sensibles und gut gymnastiziertes Geländepferd zu machen. Noch viel schwieriger ist dies, wenn die Voraussetzungen nicht so ideal sind, und perfekte Pferde sind nun einmal selten.

In diesem Buch möchte ich Ihnen Anregungen geben, wie Sie Ihr Pferd sinnvoll gymnastizieren, seine Stärken und Schwächen richtig einschätzen und Ihr Reiten besser darauf abstimmen können, damit Sie nicht Leistungen von ihm fordern, die es aufgrund seiner körperlichen oder psychischen Voraussetzungen nicht erbringen kann.

Pferde können die meisten ihrer Defizite ausgleichen, wenn man es als Reiter nur versteht, das Training richtig auf das betreffende Tier abzustimmen.

Sicherheit durch Gymnastizierung

Auch wenn Sie der Behauptung, dass es mehr Freude macht, ein Pferd zu gymnastizieren bzw. ein gymnastiziertes Pferd zu reiten, skeptisch gegenüberstehen und Ihr Haflinger, obwohl nie gymnastiziert, vielleicht stolze 36 Jahre alt geworden ist, bleibt eines unbestreitbar:

Vor- und Nachteile des Geländereitens

Eines ist sicher: Es ist leichter, die eigenen reiterlichen Fähigkeiten in der Bahn zu verbessern. In einem sicher eingezäunten Viereck kann man schon auch mal die Augen schließen und sich ganz auf den Sitz oder das Mitgehen mit der Bewegung konzentrieren. Der ebene, federnde Boden der Reitbahn ermöglicht gleichmäßige Bewegungen, die Umzäunung oder die Reithallenwände reduzieren äußere Ablenkungen und fördern die Konzentration. Andererseits wird es dem Pferd auch leicht langweilig, immer in derselben Halle dieselben Lektionen auszuführen.
Das Gelände bietet mehr Abwechslung, das Pferd geht meist fleißiger und freudiger vorwärts. Dafür wird es aber auch öfter abgelenkt, kann leichter scheuen oder auch mal durchgehen, ohne dass ein rettender Zaun es aufhält.
Idealerweise ergänzen sich das Training in der Bahn und im Gelände. Aber wie viele Freizeitreiter haben schon einen bei jedem Wetter optimal bereitbaren Platz oder eine Halle zur Verfügung? Wer im Sommer nicht in der Halle im Staub ersticken und im Herbst seinem Pferd keine Kneippkur auf einem schlammigen Reitplatz zumuten möchte, es aber dennoch regelmäßig gymnastizieren möchte, um es fit zu erhalten, muss ins Gelände gehen. Natürlich kann man nicht auf jedem Weg Zirkel oder Volten reiten. Aber Einiges geht eben doch, und ein paar Hinweise auf das, was eben doch geht, möchte ich Ihnen in diesem Buch geben.

Ein rittiges Pferd ist ein sicheres Pferd! Stellen Sie sich vor, Sie stehen vor einem steilen, rutschigen Abhang und haben die Wahl: Würden Sie sich dann nicht auch für einen Vierbeiner entscheiden, der gelernt hat, seine Hinterhand richtig einzusetzen und so mühelos auch den steilsten Berg hinunterzubalancieren?
Wenn Sie zu den Reitern gehören, die glauben, dass sie mit ihrem gemütlichen Pferd auf der sicheren Seite sind, dann denken Sie bitte daran: Es gibt auch und gerade im Gelände Situationen, in denen vom Pferd prompter Gehorsam gefragt ist. So kam mir eines Tages, als ich einen sehr engen, steilen Pfad hinaufritt, ein Mountainbiker in voller Fahrt entgegen. Uns ist nur deshalb nichts passiert, weil mein Pferd sofort auf den Schenkel reagierte und wir uns rechtzeitig hinter einem Baum in Sicherheit bringen konnten.
Machen Sie sich klar, dass Sie Ihr Leben aufs Spiel setzen, wenn Ihr Pferd nicht das tut, was es soll. Man kann sich in dieser Hinsicht nicht

auf die natürlichen Instinkte des vierbeinigen Lieblings verlassen. Pferde schätzen Gefahren anders ein, als es z. B. der heutige Straßenverkehr erfordert: Wie oft ist es schon passiert, dass ein Pferd wegen einer Kleinigkeit gescheut hat und dabei ein Auto gerammt und sich und seinen Reiter schwer verletzt hat!

REITEN MIT KOPFCHEN

Öfter mal was Neues: Bringen Sie Abwechslung in Ihre Ausritte, indem Sie z. B. auch mal mit Handpferd reiten!

Die Qual der Wahl – Reiten mit Konzept

Das Reiten ohne Konzept ist häufig ein Problem von Geländereitern, denn Turnierreiter haben meist die nächsthöhere Prüfung im Auge und arbeiten daher zielgerichteter.
Freizeitreiter dagegen nehmen sich mehr Freiheiten und experimentieren deshalb auch gern. Sie wollen eben herausfinden, was für sie und ihr Pferd am besten ist. Diese löbliche Absicht geht allerdings dann zu Lasten der Pferde, wenn sie durch den häufigen Richtungswechsel ihrer Besitzer immer wieder verunsichert werden: Dieses Jahr ist gerade iberisches Reiten modern, also entdeckt man auf einmal das südländische Temperament seines Vierbeiners. Letztes Jahr hat man diesen tollen Westerntrainer gesehen, und im Jahr davor war man mit seinem Pferd in der Tanzschule. Was nächstes Jahr kommt, ist noch nicht entschieden. Das gute Ross darf zwischen Eintölten und Chiron-Methode wählen.
Viele Freizeitreiter bleiben mit ihrer Reiterei in den Anfängen stecken, weil sie jedes Mal, wenn es in die Tiefe geht, wenn es schwierig wird, wenn sich aber auch die ersten Fortschritte einstellen würden, die Methode wechseln und ganz von vorn anfangen.
Ich habe nichts dagegen, allen Methoden offen gegenüberzustehen, sie sich genau anzusehen und zu überlegen: Was mache ich ähnlich, was mache ich anders, und warum? Was kann ich übernehmen, und warum werde ich bestimmte Dinge mit meinem Pferd weiterhin ganz anders machen? Bevor ich jedoch mit meinem Pferd einen ganz neuen Weg einschlage, muss ich mir wirklich sicher sein, dass die neue Methode auch zu uns passt und dass ich nicht in einem Zickzackkurs der neuesten Mode oder dem gerade angesagten Guru hinterherlaufe.

Positives Training

Auch als Geländereiter sollte man auf die Grundpfeiler der Dressurarbeit bauen: Gehorsam, Takt, Losgelassenheit, Anlehnung, Schwung, Geraderichtung und Versammlung. Diese Begriffe werden Ihnen in diesem Buch noch öfter begegnen. Natürlich kann nicht der seelenlos funktionierende Pferdeautomat Ziel der Ausbildung sein. Die Persönlichkeit, das Temperament und die Energie des Pferdes müssen sorgfältig bewahrt werden. Wie oft gibt es Pferde, die das Reiten als lästige, manchmal sogar schmerzhafte Plackerei zu erleben scheinen! Sie nutzen alle Möglichkeiten des passiven Widerstands, nehmen den Schenkel nicht an, legen sich auf die Hand oder reagieren bei jeder Kleinigkeit mit Widersetzlichkeiten. Von der Arbeit mit dem Menschen erwarten sie anscheinend nichts Positives. Gibt man ihnen jedoch die Freude am Umgang mit dem Menschen wieder, wird ein Teil des Glanzes zurückkommen, der uns an den Pferden so fasziniert. Bei solchen Tieren wird uns schon das prompte Reagieren auf eine leichte Zügelhilfe oder ein fröhliches Angaloppieren auf ein kleines Zeichen hin ein Strahlen aufs Gesicht zaubern, auch wenn eventuelle Mitreiter dies nicht verstehen können.

Der Ausbildungsstand von Pferd und Reiter

Fragt man Reiter, wie weit sie mit ihrem Pferd sind, bekommt man häufig zu hören, dass es schon Schulterherein, Traversalen oder fliegende Galoppwechsel beherrscht. Leider lässt sich der wahre Stand der Ausbildung nicht immer an solchen Lektionen festmachen. So habe ich einmal einen fünfjährigen Warmblutwallach erlebt, der nach fünf Wochen unter dem Sattel schon L-Lektionen beherrschte. Dieses Pferd war zweifellos sehr begabt für die Dressur, aber genauso sicher hatte sein Reiter vergessen, die Grundlagen für eine gute Ausbildung zu legen.

Bevor ein Pferd schwierige Lektionen ausführen und sich dabei wohl fühlen kann, muss es lernen, sich auch unter dem Reiter loszulassen, sich vorwärts-abwärts zu strecken, sich zu biegen und seine Balance zu verbessern. Erst dann kann man beginnen, gezielt Muskulatur, Gelenke und Sehnen zu trainieren, sodass das Pferd den anspruchsvolleren Dressurlektionen auch körperlich gewachsen ist.

Ziele setzen

Ich habe schon sehr früh damit angefangen, die Ziele, die ich mit meinem Pferd erreichen wollte,

Was kann Ihr Pferd?

- Ist Ihr Pferd beim Reiten losgelassen?
- Wie steht es mit Gehorsam und Durchlässigkeit? Nimmt es die Hilfen bereitwillig an, und reagiert es ohne Zögern darauf?
- Können Sie Ihr Pferd in Dehnungshaltung reiten?
- Ist Ihr Pferd geradegerichtet?
- Hat es sein Gleichgewicht gefunden?
- Wie weit lässt es sich biegen?
- Nimmt Ihr Pferd genügend Gewicht mit der Hinterhand auf?

Bevor ein Pferd diese grundsätzlichen Dinge nicht gelernt hat, sind auch die Lektionen, die es eventuell schon anbietet, nicht viel wert, da das Pferd ihnen körperlich noch nicht gewachsen ist. Die Folgen sind Gesundheitsschäden und früher Verschleiß.

Was können Sie?

- Können Sie in allen Gangarten locker und ausbalanciert den Bewegungen des Pferdes folgen? Oder haben Sie vielleicht Schwierigkeiten beim Aussitzen im Trab?
- Verlieren Sie bei plötzlichen Bewegungen Ihres Pferdes die Balance?
- Können Sie auch in den schnelleren Gangarten Ihre Hilfengebung koordinieren?
- Können Sie auch im flotten Trab einen feinen Kontakt zum Pferdemaul halten? Bleiben die Schenkel an ihrem Platz?
- Sind Sie in der Lage, Ihrem Pferd neue Lektionen zu vermitteln?

Hier sind nicht nur die rein technischen Fähigkeiten notwendig, wie z. B. die richtige Hilfengebung, sondern auch psychologisches Gespür. Seien Sie bei der Bestandsaufnahme ehrlich zu sich selbst! Nur wenn Sie Ihre eigenen Fähigkeiten realistisch einschätzen, können Sie Ihr Trainingskonzept darauf abstimmen und die gesetzten Ziele auch erreichen.

schriftlich festzuhalten. Wenn ich sie heute lese, merke ich, wie wenig ich damals vom Reiten wusste. Meine Ziele waren nicht auf mich und mein Pferd zugeschnitten, sondern viel zu sehr auf bestimmte Lektionen fixiert. Auch wenn sich der augenblickliche Ist-Zustand nicht sehr erfreulich anhört, sollte man ihn auf jeden Fall schriftlich festhalten. Allzu schnell hat man vergessen, dass Neisti am Anfang so unausbalanciert und steif war, dass er keine Kurve im Galopp nehmen konnte, ohne beinahe zu stürzen, und nimmt ihm dann übel, dass die Galoppvolte diesmal nicht so gut klappt.

Ein langfristiges Ziel kann es z. B. sein, die Versammlungsfähigkeit seines Pferdes zu verbessern. Ein dazu passendes mittelfristiges Ziel wäre das Erlernen und Verbessern von Seitengängen. Bevor man dies allerdings angeht, sollte man als kurzfristiges Ziel ins Auge fassen, Volten, Zirkel und Achten korrekt zu reiten.

Zielgerichtet nach einem bestimmten Konzept zu reiten hilft dabei, sich nicht zu verzetteln. Dies heißt jedoch nicht, dass ich mein tägliches Reiten bis ins Kleinste planen muss. Hier muss ich mich auf mein Gefühl verlassen. Ist mein Pferd heute gut gelaunt und aufnahmebereit, oder hat es nur Unsinn im Kopf? Fühle ich mich wohl im Sattel, oder habe ich eher den Eindruck, dass heute gar nichts klappt? Sollten die Vorzeichen nicht günstig stehen, macht man am besten einen »Gute-Laune-Ausritt« und lässt die Seele baumeln. Wichtig ist, dass Pferd und Reiter Freude an der Arbeit haben.

Kontrolle ist besser: Um Ihr reiterliches Niveau einschätzen zu können und sich Anregungen zu holen, sollten Sie sich ab und zu von einem wirklich erfahrenen Reiter unterrichten lassen.

Gerade bei Jungpferden kann man große Unterschiede in der Art und Weise erkennen, wie sie sich bewegen. Manche scheinen nur so über den Boden zu schweben, während andere sich ständig im Sturzflug zu befinden scheinen. Als Reiter sollte man sich damit nicht abfinden.

Gerade wenn die erste Einschätzung eher negativ ausfällt, sollte man versuchen, dem Pferd ein besseres Körpergefühl zu vermitteln. In den meisten Fällen nehmen die Pferde dies nach einer gewissen Zeit gern an.
So hatte ich einmal einen ursprünglich sehr steifen Islandwallach, der die erlernten Seitengänge auf dem Paddock wunderbar umsetzte, um seinen Freunden eine Mohrrübe zu klauen. Beim Spiel im Auslauf waren ihm auf einmal enge Wendungen im Galopp möglich, die er vorher wahrscheinlich nicht mal im Schritt so hinbekommen hätte. Wenn wir sagen können, dass unser Pferd durch unser Reiten an Lebensqualität gewinnt, dann haben wir viel erreicht, und deshalb sollte dies unser vorrangigstes Ziel sein. Denken Sie immer daran: Das Ziel ist ein fröhliches, losgelassenes, ausbalanciertes Pferd.

Bausteine der Ausbildung

Junge Pferde brauchen eine gewisse Vorbereitungszeit, in der sie an die Arbeit herangeführt werden. Je nach Alter und Konstitution sollte diese Vorbereitung mindestens drei bis sechs Monate dauern, bevor zum ersten Mal ein Sattel aufgelegt wird. Bodenarbeit, Longieren, Handpferde-Reiten, Fahren vom Boden aus und Doppellongen-Arbeit sollten das junge Pferd auf die Arbeit unterm Reiter vorbereiten. Ist der Boden im Heimatgelände sehr hart,

Lassen Sie Ihrem Pferd Zeit!

Ziel der Gymnastizierung ist es, dass der ganze Pferdekörper gekräftigt und möglichst lange gesund erhalten wird. Aber das Training von Pferden hat seine Tücken. So ist es durchaus möglich, die Leistungsfähigkeit von Kreislauf und Muskulatur innerhalb von acht bis zwölf Wochen enorm zu steigern. Das Pferd sieht dann topfit aus. Leider brauchen die Knochen, Sehnen und Bänder ein bis zwei Jahre, um sich auf die höhere Belastung einzustellen. Schäden an Sehnen und Gelenken sind deshalb die Hauptursachen für frühzeitigen Verschleiß.
Lässt man sich allerdings genügend Zeit und baut das Training eines Pferdes richtig auf, dann sind seine Sehnen wesentlich reißfester als die seiner untrainierten Kameraden. Selbst die Knochen reagieren auf die Aufbaugymnastik mit erhöhter Festigkeit. Die Gelenkknorpel werden dicker und damit belastungsfähiger. Ein Pferd richtig zu gymnastizieren dauert mehrere Jahre. Das gilt für Geländepferde ebenso wie für Turnierpferde.

sollte die Vorbereitungszeit des Pferdes verlängert werden, um die Gelenke langsam und schonend an die Belastung zu gewöhnen.
Die beste Vorbereitung auf die verschiedenen Bodenverhältnisse und Umweltbedingungen ist das Mitnehmen des Jungpferdes als Handpferd oder das Spazierengehen. In Begleitung eines erfahrenen Kollegen kann es Kondition aufbauen und Erfahrungen sammeln, beim Spazierengehen gewinnt es Vertrauen zum Menschen.
Auf jeden Fall sollte man darauf achten, sein noch nicht ausgewachsenes Ross nur seinen Möglichkeiten entsprechend zu belasten. Unabhängig von der Rasse ist ein Pferd frühestens mit fünf Jahren wirklich ausgewachsen und reif für größere Belastungen.

Kondition und Motivation

Bei jungen und älteren Pferden ist eine gewisse Regelmäßigkeit der Belastung gleichermaßen wichtig. Für ein Pferd, das ausschließlich in der Box gehalten wird, ist ein Stehtag gesundheitsgefährdend. Aber auch für Offenstallpferde ist es nicht gut, wenn sie nur am Wochenende durch den Wald gescheucht werden, um sich dann die nächsten fünf Tage wieder die Beine in den Bauch zu stehen. Sicher fällt es vielen Geländereitern gerade im Winter schwer, ihr Pferd regelmäßig zu bewegen, und sie müssen hier Kompromisse machen. Hat das Pferd im Paddock oder auf der Weide viel Bewegung, kann es ausreichen, wenn es einmal in der Wochenmitte und dann jeweils Samstag und Sonntag bewegt wird. Longieren oder die Arbeit an der Hand können das Reiten im Gelände ersetzen.
Achten Sie aber auch darauf, die Aufmerksamkeit Ihres Pferdes durch möglichst abwechslungsreiche Arbeit zu fördern. Will man ein Pferd seinen Möglichkeiten entsprechend trainieren, muss man lernen, momentane und zukünftige Stärken und Schwächen richtig einzuschätzen und sich die Fragen zu stellen: Welche Aufgaben kann mein Pferd heute schon bewältigen, und welche Leistungen wird es nach einem entsprechenden Training bringen können? Welche Anforderungen wird es leicht erfüllen, welche Leistungen werden ihm schwer fallen?
In eine solche Beurteilung sollten neben dem Gebäude (siehe Seite 122) und der körperlichen Verfassung auch das Temperament und der Charakter einfließen: Was macht meinem Pferd Spaß, was wird es vermutlich nur ungern lernen? Ohne eine solche Einschätzung ist keine durchdachte Ausbildung möglich, und man trainiert ins Blaue hinein. Analysiert man das Pferd nicht, wird man nur schwer die Ursachen für Probleme erkennen können. Geht man als Ausbilder nicht individuell auf das jeweilige Pferd ein, wird auch der Vierbeiner mit dem guten Exterieur sich vielleicht nicht so entwickeln, wie es ihm möglich wäre. Noch fataler sind die Folgen bei Pferden mit Gebäudemängeln. Sie tragen bei dem Versuch, die 08/15-Vorgaben zu erfüllen, allzu leicht Schäden davon.

Ängstliche Pferde oder Tiere, die nicht so schnell lernen, können durch eine nicht durchdachte Ausbildung ohne Konzept oder nach Schema F regelrecht unreitbar gemacht werden.

Gehorsam und Vertrauen

Gerade viele Freizeitreiter schrecken bei dem Wort »Gehorsam« zurück. Sie umschreiben ihr Pferd lieber mit den Eigenschaften »sanft«, »sensibel« oder »lieb«. Unter Gehorsam scheinen sie ausschließlich den »Sklavengehorsam« zu verstehen, der dem Pferd die eigene Identität raubt. So erlauben viele Reiter zum Beispiel ihrem Pferd, zu zappeln – mit der Begründung: »Merlin ist eben so! Er wäre nicht er selbst, wenn er ruhig stehen würde.« In diesem Fall wird die Identität des Pferdes an einem Schwachpunkt festgemacht. Es stellt sich aber die Frage, warum das Pferd ungeduldig oder zappelig ist. Das ist doch nicht gerade ein Anzeichen eines selbstsicheren Charakters. Haben wir als Reiter, die wir das Pferd nutzen, und sei es nur als Augenweide im Garten, nicht die Pflicht, die Entwicklung seiner Persönlichkeit zu fördern?

Viele Pferde sind aber auch gar nicht »lieb«, sondern beißen, schlagen, bocken oder gehen durch und nehmen auf die eine oder andere Weise ihrem Menschen das Ruder aus der Hand. In diesen Fällen hat der Mensch meistens im Umgang und/oder im Sattel Unsicherheiten gezeigt und ist aus seiner Rolle als souveräner Herdenchef herausgefallen. Während des Reitens geschieht das schneller, als einem lieb ist: Stellen Sie sich vor, sie müssen mit Ihrem Pferd eine Autobahnbrücke passieren und wissen nicht, wie Ihr Vierbeiner in dieser Situation reagieren wird. Sie werden unsicher und verspannen sich, Sie nehmen vielleicht die Zügel kürzer, beugen sich nach vorn und legen die Schenkel an. Ein rangniederes, wenig selbstbewusstes Pferd wird nun selbst unsicher werden und vielleicht scheuen oder nicht weitergehen und damit alle Ihre Befürchtungen bestätigen. Später wird es in ähnlichen Situationen ebenfalls ängstlich reagieren.

Aber auch ein Ross, das ganz ruhig über diese Brücke geht, hat Ihre Furcht sehr wohl registriert und Ihnen signalisiert: »Komm, Reiterchen, hab keine Angst, wir machen das schon.« Dieses Pferd wird in Zukunft auch bei anderen Gelegenheiten versuchen, seine Führungsposition zu behaupten. Sie müssen nun immer wieder die Rangordnung neu ausfechten. Bei manchen Reiter-Pferd-Kombinationen führt dies zu Dauerkonflikten.

Gerade bei jungen Pferden ist das Überwinden von Ängsten wichtig für die weitere Ausbildung. In schwierigen Situationen entscheidet sich, welches Bild das Pferd vom Reiter gewinnt. Für den Menschen ist das Wahren seiner Leitposition oft nicht einfach, da er selbst ja auch nicht ohne Angst ist. Gerade im Gelände gerät man immer wieder in Situationen, in denen man unwillkürlich den Atem anhält. So sind Reiter- und Pferdeangst eng miteinander verknüpft.

Hatte man immer schon ein Pferd, das seelenruhig an Treckern und anderen Landmaschinen vorbeiging, wird man diesen Fahrzeugen auch nicht viel Beachtung schenken. Neigt ein Pferd beim Anblick eines solchen Gefährts zu Panikattacken, wird auch der bedächtigste Reiter eine gewisse Unruhe verspüren, wenn ihm im Gelände ein solches Ungeheuer begegnet. Wenn Sie auf ein solches Angstobjekt zureiten, müssen Sie sich vorher mental gründlich darauf vorbereiten. Atmen Sie bewusst tief und gleichmäßig durch, setzen Sie Ihre Hilfen langsam, ruhig und sanft, aber auch selbstsicher und entschieden ein. Wenn es Ihnen hilft, können Sie auch leise und sanft mit dem Pferd sprechen.

Gerade bei heiklen oder jungen Pferden sollte man Angstobjekte sehr bewusst angehen. Sie müssen sich klarmachen, dass Sie die Gefahren der Umwelt viel besser einschätzen können als Ihr Pferd und deshalb auch bestimmen müssen, wo es langgeht. Je sicherer Sie auftreten, je konsequenter Sie Ihre Rolle als Chef in der Rangordnung ausfüllen, umso sicherer und entspannter werden Sie und Ihr Pferd durchs Leben gehen.

Ein sehr gutes Beispiel hierfür ist ein mir bekannter isländischer Import-Wallach, für den die Welt außerhalb seiner Weide eine einzige große Gefahr bedeutete. Schon ein Ritt auf der anderen Seite des Zaunes konnte zu einem panischen Galopp führen. Er versuchte sich mit aller Kraft dagegen zu wehren, die Sicherheit der Koppel zu verlassen: Er ließ sich nicht einfangen, warf sich zu Boden oder stieg.

Ein solches Pferd darf man natürlich unter gar keinen Umständen schlagen, aber genauso wenig darf man ihm nachgeben. Als Erstes musste man ihm die Gesellschaft des Menschen angenehm machen. Die Bodenarbeit brachte ihm viel Lob und das erste Selbstvertrauen ein. Trotzdem hatte er jeden Tag mindestens eine Panikattacke. Am liebsten wäre er nach Hause gelaufen, wenn man ihn nur gelassen hätte. Aber aus jedem dieser Abenteuer ging er gestärkt hervor, mit jedem Schritt, den er sich in die Welt wagte, wurde er mutiger. Silageballen, Trecker, Schmiede, Hühnerfarmen, Segelflugzeuge und vieles mehr lernte er kennen und als ungefährlich zu akzeptieren. Tag für Tag wurde sein Selbstbewusstsein größer, aber nur dank eines Ausbilders, der konsequent Gehorsam verlangte und ihm dafür Sicherheit gab.

Wir müssen also verstärkt auch an unseren eigenen Fähigkeiten arbeiten und dem Pferd seine Schwächen zugestehen. Wenn es Angst vor Treckern hat, sollten wir nicht einen möglichst großen Bogen darum machen oder es einfach mit einem »Stell dich nicht so an« daran vorbeiprügeln. Besser ist es, ein solches Pferd seitlich an den Gegenstand seiner Furcht heranzudirigieren, sodass es ihn gut sehen kann und ihm ein Fluchtweg offen bleibt. Gehen Sie so nah wie möglich heran, ohne dass das Pferd wegspringt, und lassen Sie es dort stehen. Loben Sie es dafür,

Angstabbau: Gewöhnen Sie Ihr Pferd behutsam an Furcht erregende Gegenstände! Nur ein angstfreies Ross kann locker und willig mitarbeiten.

dass es die Nähe des Furcht erregenden Gegenstandes aushält. Das kann fürs erste Mal schon genug sein. Wenn das Pferd sicher und ruhig stehen bleibt, können Sie beim nächsten Mal näher heranreiten.

Gehorsam raubt dem Pferd also nicht seine Persönlichkeit, sondern ist im Idealfall ein Ausdruck von Vertrauen. Gehorsam heißt nicht, dass Sie Ihrem Pferd während eines Ausritts jeden einzelnen Schritt vorschreiben müssen. Kommen Sie in schwieriges Gelände, geben Sie Ihrem Ross die grobe Richtung vor, legen ihm eine Hand fest auf den Hals und geben ihm so Sicherheit. Andererseits sollte Ihr Pferd auch so rittig sein, dass Sie ihm im Notfall jeden einzelnen Schritt vor-

schreiben können, z. B. wenn Glasscherben oder andere gefährliche Gegenstände auf dem Weg liegen.
Ohne Gehorsam gibt es also keine Rittigkeit.
Rittigkeit und im Weiteren auch Durchlässigkeit ist nichts anderes als prompter Gehorsam auf die reiterlichen Hilfen – und den zeigt das Pferd nur, wenn es seinem Reiter vertraut und nicht jeden seiner Schritte anzweifelt.
Zu Beginn der Ausbildung wird es immer wieder zu Grundsatzdiskussionen über die Rangordnung kommen, die je nach Temperament und Charakter des Pferdes unterschiedlich oft und unterschiedlich heftig geführt werden können: Wie viel hat der Mensch mir zu sagen? Was passiert eigentlich, wenn ich heute nicht vom Hof gehe? Je öfter ein Pferd sich erfolgreich durchsetzt, umso häufiger wird es versuchen, das Heft wieder in die Hand zu nehmen. Das gilt für die offensichtlichen Gehorsamsverweigerungen ebenso wie für die kleinen, fast unmerklichen. Wenn ein Pferd z. B. die Schenkelhilfe ignoriert und einfach in seinem Trott weiterläuft, muss der Reiter seine Hilfe verstärken und gegebenenfalls auch mal die Gerte sprechen lassen. Kommt sein Einsatz, gerade bei einem etwas fauleren Vierbeiner, nicht rechtzeitig und konsequent genug, dann kann ein aufgewecktes Pferd bald schenkeltaub werden und auf feine Hilfen überhaupt nicht mehr reagieren.

Mit beiden Füßen auf der Erde ...

Eine gute Vorbereitung auf Gefahrensituationen ist die Bodenarbeit. Wenn eine sorgsame Ausbildung vom Boden aus vorangegangen ist, kann man in einer Gefahrensituation, gerade wenn man allein reitet, immer absteigen. Die meisten Pferde beruhigen sich sofort, wenn der Ausbilder und Herdenchef vorangeht. Sie lassen sich dann problemlos an das Schreckgespenst heranführen, werden gelobt und dürfen anschließend ihren Weg fortsetzen.
Dies widerspricht zwar den meisten Reitlehren, die empfehlen, in Krisensituationen immer oben zu bleiben, weil der Reiter im Sattel mehr Einwirkungsmöglichkeiten hat. Wenn ein Pferd steigt und sich auf der Hinterhand herumwirft, hat man am Boden natürlich keine großen Chancen mehr. Andererseits kann das Absteigen und Vorangehen dazu beitragen, solche Situationen gar nicht erst entstehen zu lassen. Lösen wir solche heiklen Situationen, gerade bei jungen Pferden, ein paar Mal souverän, werden die Tiere uns auch in Zukunft vertrauen, wenn wir ihnen signalisieren, dass keine Gefahr droht.

Lob und Strafe

Haben Sie Ihr Pferd heute schon gelobt?

Warum ich die Frage nach dem Lob stelle? Weil ich glaube, dass der Strafe in der Pferdeerziehung zu viel Bedeutung zugeschrieben wird. Beobachten Sie einmal sich und andere Reiter. In den meisten Fällen werden Sie sehen, dass die Pferde, egal welchen Ausbildungsstand sie haben, beim täglichen Reiten nur einmal gelobt werden. Nämlich dann, wenn der Reiter anhält, um abzusteigen. Was soll das Pferd davon halten?

Die meisten Reiter konzentrieren sich zu sehr auf das, was ihr Pferd gerade falsch macht. Sie sehen nur den Fehler, z. B. dass das Pferd nicht ruhig steht, vergessen aber ganz, dem Pferd die richtigen, positiven Vorgaben zu machen und es dann für den richtigen Ansatz zu loben.

Zählen Sie ruhig einmal während eines Ausritts, wie oft Sie loben und wie oft Sie strafen – Sie werden überrascht sein.

Ein Beispiel: Der Wallach meiner Freundin ist sehr kooperativ und lässt sich mit minimalen Zeichen dirigieren. Nun sollte er, unter einer relativ unerfahrenen Reiterin, fünf Schritte rückwärts gehen. Er machte aber erst nach dem sechsten Schritt Schluss. Daraufhin wurde er nicht gelobt, sondern musste die Aufgabe wiederholen, schließlich sollte es die Reiterin ja lernen. Beim nächsten Mal ging er zwar fünf Schritte rückwärts, aber nicht gerade, sondern schief. Sie ahnen, worauf ich hinauswill: Ein Pferd, das anfangs sehr willig war und schon auf die kleinsten Zeichen einen Schritt zurück ging, hatte am Ende der Stunde völlig die Lust verloren und war auf dem besten Weg, ernsthaft sauer zu werden. Andererseits: Was wäre passiert, wenn man den Wallach schon beim ersten Mal gelobt hätte? Er hätte gewusst, dass er auf dem richtigen Weg ist, und hätte die Aufgabe beim nächsten Mal vermutlich perfekt gelöst. Deshalb sollte man im Zweifelsfall immer loben. Was kann man schon durch ein falsches Lob kaputtmachen? Sollte tatsächlich etwas falsch eingeprägt worden sein, kann man am nächsten Tag zusammen mit dem gut motivierten Vierbeiner noch einmal herausarbeiten, was falsch und was richtig ist.

Allerdings sollte man die verschiedenen Formen des Lobens gezielt einsetzen. Sonst kann es sein, dass ein junges Pferd, das gerade gelobt wurde, weil es so prompt auf den Schenkeldruck losmarschiert ist, anhält, um sein Leckerli in Empfang zu nehmen. In einem solchen Fall hätten natürlich die Fachleute Recht, die behaupten: »Lob lenkt Pferde nur ab!«

Betrachten wir noch einmal einen ganz normalen Ritt. Wir sitzen auf, reiten los – und jedes Mal, wenn das Pferd nicht das tut, was es soll, bestrafen wir es. Das haben wir schon in der ersten Reitstunde so gelernt: »Setz dich durch, mehr Zügel, mehr Schenkel!« usw. Dabei fällt auf, dass all unsere Strafen verstärkte Hilfen sind. Egal, ob wir am Zügel reißen, mit den Schenkeln klopfen, mit der

Gerte schlagen oder mit den Sporen stechen, immer übertreiben wir eine Hilfe, mit der wir uns im Normalfall mit dem Ross verständigen. Das muss zwangsläufig auf Kosten der Sensibilität des Pferdes gehen. Es stumpft ab, es verliert die Lust und die Motivation, das zu tun, was der Mensch von ihm möchte. Es ist ihm egal, ob ihm der Reiter seine Unterschenkel leicht, stark oder mit voller Kraft in den Bauch rammt.

Einen solchen Teufelskreis gilt es so schnell wie möglich zu durchbrechen. Am einfachsten geschieht das mit einem Lob. Das Pferd gehorcht auf eine relativ feine Hilfe und wird sofort mit der Stimme und/oder durch eine angenehme Berührung wie Streicheln gelobt. Hierbei ist es besonders wichtig, dass das Lob unmittelbar nach einer gelungenen Übung erfolgt. Das Lob kann auch darin bestehen, dass man eine Trainingseinheit beendet, wenn das Pferd etwas gut gemacht hat. Die Arbeit mit Lob und Anerkennung kann aus einem mürrischen, lustlosen Aschenputtel eine aufgeweckte, neugierige, lernbegeisterte Prinzessin machen. Das gilt für ältere, abgeklärte Pferde genauso wie für Junioren, die gerade erst anfangen, das Lernen zu lernen.

Gerade bei jungen Pferden vergisst man allzu leicht, dass sie eigentlich noch gar nichts wissen. Sie müssen genau genommen für alles, was sie so mutig ertragen, gelobt werden. Dabei ist es egal, ob ihre Beine gerade geduscht oder ihre Mähne eingesprüht wird; ohne Lob kann es leicht passieren, dass man sie psychisch überfordert.

Das Leckerli – sinnvolle Maßnahme oder Nonsens?

Zu diesem Thema hat wohl jeder Ausbilder und Pferdetrainer seine eigene Meinung. Als Erstes will ich vorausschicken, dass ich mit dem Leckerli nicht das Powerfutter fürs Pferd meine, das dem Reiter große sportliche Erfolge verspricht, sondern ein Stück trockenes Brot, Mohrrübe oder Apfel.

Die erste Frage, die man sich bei diesem Thema stellen muss, ist: Was möchte ich mit dem Leckerli erreichen? Manche Reiter antworten darauf: »Liebe geht durch den Magen!« Ihre Pferde erkennt man meist daran, dass sich ihre Nasen ständig in den Taschen aller vorbeikommenden Menschen befinden.

Steckt man seinem Pferd Leckerlis ins Maul, nur weil es gerade neben einem steht, ermutigt man es dazu, immer mal wieder kurz bei einem vorbeizuschauen und einen anzubetteln. Bei Pferden, die zum Betteln neigen, verkneife ich mir daher grundsätzlich jedes Verteilen von Imbissen. Das Betteln ist nicht weit vom Fordern entfernt. Das heißt: Werden die Leckerlis nicht regelmäßig nachgeschoben, werden die Pferde leicht ungnädig und drohen dem Menschen, damit er weiß, was er zu tun hat. Aus dem Ablecken der Hände wird schnell ein Knibbeln und aus dem Knibbeln ein Beißen. Das ist eine Frage der Autorität. Pferde, die vor dem Menschen Respekt haben, werden nie wie Kletten an seinen Händen kleben – und sollten sie zufällig doch mal darauf verfallen, werden sie auf einen Klaps

Zuckerbrot statt Peitsche: Damit das Pferd Ihr Lob verstehen kann, müssen Sie ihm die Belohnung unmittelbar nach der gelungenen Übung geben.

hin schnell damit aufhören. Untergraben Sie also nicht Ihre Autorität, indem Sie sich von Ihrem Pferd zum Leckerlispender machen lassen!

Der Fehler ist nicht das Leckerli selbst, sondern die Art, wie der Mensch es einsetzt. Wenn Sie mit Ihrem Pferd arbeiten, und es macht etwas richtig, dann loben Sie es. Hat es etwas ganz besonders gut gemacht, dann können Sie ihm auch einmal ein Leckerli geben. Bei Pferden, die zum Betteln neigen, sollte man dies aber nur sehr selten tun und dafür mehr mit der Stimme loben.

Durch das Loben zusammen mit dem Verteilen von Leckerbissen wird die Lust des Pferdes geweckt, etwas richtig zu machen. Wenn ich allerdings merke, dass mein Pferd sich hauptsächlich darauf konzentriert, wie es möglichst schnell an ein Leckerli kommt, und darüber die

Kauen beruhigt ...

Hier ein Beispiel dafür, wie man sich die Wirkung von Leckerlis zu Nutze machen kann: Ich habe ein ausgesprochen nervöses, ehrgeiziges Pferd, das sehr gern arbeitet. Stillstehen war ihm ein Gräuel – da wurde gezappelt, gescharrt und am liebsten sofort losgejagt, sobald nur einer meiner Füße im Steigbügel war. Heute sitze ich ganz entspannt auf, krame ein Leckerli aus meiner Tasche, beuge mich zum Pferdekopf runter und schiebe dem Pferd den Leckerbissen ins Maul. Dann nehme ich in aller Ruhe die Zügel auf, während mein Pferd noch auf dem Snack herumkaut. So sind unsere Ritte nicht schon vom Aufsitzen an durch Hektik und Ungehorsam geprägt.
Allein das Kauen wirkt entspannend. Gerade bei Pferden, die sehr fest in der Halsmuskulatur sind, kann ein Apfelstück Wunder wirken. Vorsicht ist allerdings bei Hektikern geboten, die nicht ordentlich kauen und sich dann am Futter verschlucken können.

Aufgabe aus den Augen verliert, dann weiß ich, dass ich etwas falsch mache und muss die Leckerlis reduzieren.

Strafen

Leider gibt es auch immer wieder Pferde, bei denen man ohne handfeste Strafen nicht auskommt. Meist sind dies Korrekturpferde, die die Schwächen des Menschen kennen und nutzen gelernt haben. Leider begegnet man aber auch Menschen, die brutale Gewalt ausüben und behaupten, sie würden ja nur Gehorsam verlangen.
Dass Strafen nicht gleichbedeutend mit Gewalt sein muss, kann man am besten mit einem Beispiel verdeutlichen: Ein Pferd schlägt gezielt nach dem Menschen, wenn man seine Hinterhufe aufheben möchte, was ausgesprochen gefährlich ist und nicht geduldet werden darf. Nun gibt es verschiedene Möglichkeiten, diese Schwierigkeit anzugehen. Man kann versuchen, das Problem zu ignorieren und die Hufe nicht mehr aufzuheben. Das funktioniert allerdings nur so lang, bis das Pferd ganz dringend zum Hufschmied muss. Oder man spielt den Konflikt herunter: »So schlimm ist Sieka gar nicht, wenn man da ein bisschen vorsichtig ist, passiert einem schon nichts.« Andererseits kann man sich persönlich angegriffen fühlen und das Pferd mit der Gerte vermöbeln, wonach es wahrscheinlich auch die Vorderfüße nicht mehr heben wird.
Oder man geht die Situation mit Bedacht und sachlich an. Zuerst nimmt man die Vorderbeine hoch

und lobt das Pferd dafür, dass es die Hufe gibt. So hat man schon mal einen positiven Punkt gesetzt. Dann geht man genauso selbstverständlich an die Hinterbeine und versucht dasselbe. Schlägt das Pferd aus, gibt es einen Schlag mit der Gerte, zusammen mit einem energischen »Lass das!«. Dann geht man erneut an die Vorderbeine, um dem Pferd wieder einen Augenblick zum Durchatmen und Nachdenken zu geben, lobt es für das brave Geben der Füße und fängt dann noch einmal mit den Hinterbeinen an. Diese Prozedur führt man so lange fort, bis das Pferd, vielleicht noch ein bisschen skeptisch, zum ersten Mal seine Hinterbeine gibt. Dann belohnt man es mit einem Leckerli und entlässt es am besten auf die Wiese.

Am nächsten Tag beginnt das Spiel von neuem. Der Unterschied zwischen sinnloser Gewalt und sinnvoller Strafe ergibt sich daraus, dass der Mensch dem Pferd immer wieder die größtmögliche Chance gibt, etwas richtig zu machen. Dazu gehört auch, dass er es auf die Aufgabe möglichst gründlich vorbereitet.

Jede Überdosis an Härte wird zu Rückschlägen in der Ausbildung führen, und man wird spätestens dann scheitern, wenn aktives Mitarbeiten vom Pferd gefragt ist. Ein Nachgeben zum falschen Zeitpunkt kann genauso negative Folgen haben. Die Strafen müssen gerecht und für das Pferd verständlich sein. Strafen wir ein Pferd, das unsere Hilfen nicht verstanden hat oder ihnen aus Ungeschicklichkeit oder mangelnden körperlichen Fähigkeiten nicht nachkommen kann, verunsichern wir es und machen es misstrauisch. Gerade wenn man über einen längeren Zeitraum nur ein Pferd geritten hat, begeht man leicht kleine Ungerechtigkeiten, wenn man auf ein anderes Pferd umsteigt. Bei dem einen brauchte man nur ein wenig einzusitzen, und sofort drosselte es das Tempo. Nun sitzt man auf einem Pferd, das von dieser feinen Art der Verständigung noch keine Ahnung hat, und wird ärgerlich, wenn es die Hilfe nicht schnell genug versteht.

Mach mal Pause ...

Für das Pferd ist die Arbeit unter dem Sattel nicht nur eine körperliche, sondern auch eine geistige Anstrengung. Es muss ja ständig die durch die Hilfen gegebenen Signale deuten. Aber auch der Reiter ist angespannt, wenn er versucht, durch möglichst korrekte Hilfen die richtigen Signale zu geben. Eine Pause zum richtigen Zeitpunkt hilft beiden, sich zu entspannen und sich erneut zu konzentrieren. So werden auch ehrgeizige Ziele schneller und effizienter erreicht.

Geistige Überforderung ist noch schwieriger zu erkennen als körperliche. Auf eine psychische Überforderung reagieren die meisten Pferde, indem sie einfach abschalten. Sie geben schlichtweg den Versuch auf, zu erraten, was der Reiter

Mit Pausen loben und den Lernerfolg sichern

Gerade junge Pferde leisten zu Beginn ihrer Ausbildung oft Ungeheures. Sie müssen sich nicht nur an eine unbekannte Umgebung, sondern auch an einen neuen Tagesablauf gewöhnen. Steigt dann noch der Reiter in den Sattel, müssen sie sich außerdem neu ausbalancieren. Das alles sind Anforderungen, die man als Reiter leicht unterschätzt, weil die Pferde, interessiert am Neuen, oft sehr bereitwillig mitarbeiten. Soll diese Begeisterung erhalten bleiben, brauchen sie aber unbedingt ein sich langsam steigerndes Arbeitspensum und viele Pausen zum Verschnaufen. Dabei ist es sinnvoll, Pausen als Lob einzusetzen. Wenn das Pferd etwas gut gemacht hat und danach ein wenig verschnaufen darf, empfindet es dies als Belohnung – und wird nach der Pause umso motivierter mitarbeiten.

will. Einige Pferde reagieren auch widersetzlich. Der Mensch erlebt ein solches Verhalten als Ungehorsam und wird versuchen, sich durchzusetzen. So weit sollten Sie es jedoch gar nicht erst kommen lassen. Legen Sie eine Pause ein, bevor die Aufmerksamkeit des Pferdes nachlässt.

Es gehört zu den schwierigsten Aufgaben des Reiters, einzuschätzen, wie viel ein Pferd zu leisten vermag. Denn Konzentrations-, Aufnahme- und Reaktionsfähigkeit sind bei allen Rössern unterschiedlich ausgebildet. Diese Eigenschaften werden durch Vererbung, Aufzucht und Haltung, aber auch durch die Arbeit mit dem Menschen beeinflusst.

Kein Strafexerzieren für Pferde!

Viele Reiter reiten im wahrsten Sinne des Wortes mit Vorliebe auf den Schwächen ihrer Pferde herum. Ist die Biegsamkeit im Galopp noch sehr schlecht, reiten sie ständig Galoppzirkel und -volten. Das kann der Motivation von Pferd und Reiter erheblich schaden. Das Ross wird immer missmutiger, weil es dem Reiter anscheinend gar nichts recht machen kann, und der Reiter ärgert sich, weil sein Pferd trotz intensiven Trainings immer noch nicht rund galoppiert.
Natürlich muss man ein steifes Pferd mehr gymnastizieren – aber bitte mit Lektionen, die es bewältigen kann.

Gymnastik-Muffel: Gerade bei schlechtem Wetter ist die Versuchung groß, sich einfach passiv vom Pferd durch den Wald tragen zu lassen.

Die wohl wichtigste Regel bei der Pferdeausbildung ist: Beginnen Sie mit einer neuen Lektion erst, wenn Ihr Ross losgelassen und konzentriert ist. Gönnen Sie ihm, wenn Sie eine schwierige Lektion einüben und es auch nur einen Bruchteil der Anforderung erfüllt hat, zur Belohnung einen Moment der Entspannung. Anschließend wird es viel schneller

Schrittpausen im Gelände

Gerade im Gelände gibt es immer wieder Strecken, die im Schritt zurückgelegt werden müssen. Hier können Sie Ihren Vierbeiner am hingegebenen Zügel ausspannen lassen. Denken Sie aber daran, dass z. B. eine Schrittstrecke an einer viel befahrenen Straße für junge Pferde nicht unbedingt entspannend ist.
Schrittpausen sind auch wichtig, um dem Pferd seine Gelassenheit wiederzugeben. Wenn es nervös tänzelt und sich vom Reiter auch mit diversen Lektionen nicht ablenken lässt, sollte man auf jeden Fall Schritt reiten. Der Versuch, solche Pferde im Galopp Energie abbauen zu lassen, schlägt meistens fehl. Erst wenn die Ausbildung weiter fortgeschritten ist, wird sich das Ross auch im ruhigen Trab oder im langsamen Arbeitsgalopp geistig entspannen können.

begreifen, was es tun soll. Wie man eine solche Pause gestaltet, ist natürlich vom Pferd abhängig. Junge oder untrainierte Tiere brauchen häufigere und längere Entspannungsphasen.
Je mehr Sie Ihrem Pferd an körperlicher und geistiger Arbeit zumuten, umso wichtiger werden die Pausen. Wenn sich Ihr Pferd normalerweise nur zehn Minuten lang konzentrieren kann, lässt sich die Aufmerksamkeit durch eine entsprechende Entspannungsphase durchaus auf 15 Minuten ausdehnen.
Meinen Sie es allerdings etwas zu gut mit Ihrem Vierbeiner und gehen zu langsam voran, wird Ihr Pferd anfangen, sich zu langweilen, und sich womöglich Unsinn ausdenken. Dann sollten Sie die Anforderungen wieder steigern. Gerade nach einem anstrengenden Arbeitstag ist die Versuchung groß, einfach nur gemütlich auszureiten und die Seele baumeln zu lassen. Dies ist an sich ja auch gar nicht schlimm. Nur sollte man bedenken, dass das Pferd sich nicht von einem anstrengenden Tag erholen muss. Relaxt man beim Reiten zu viel, unterfordert und langweilt man sein Pferd. Es wird dann auf die eine oder andere Art selbst für Abwechslung sorgen.
Viele Reiter fürchten, dass sich nach einer Pause die Versammlung nur schwer wieder herstellen lässt. Diese Sorge ist jedoch nur bei Pferden begründet, die nicht an Pausen gewöhnt sind und nur am Ende eines Rittes am langen Zügel nach Hause gehen oder die Bahnstunde beenden dürfen. Wird ein Pferd von Anfang an daran gewöhnt, dass die Entspannung nicht das Ende des Trainings einläutet, dann wird es nach der Pause die Versammlung wieder willig

aufbauen. Meist wird es sogar noch vergnügter an die Arbeit gehen, weil es nicht überfordert wird und anschließend wieder eine Möglichkeit zur Entspannung bekommt.

Auch der Reiter braucht mal Pause

Reiten ist eine ziemlich aufwändige Freizeitbeschäftigung. Ein Pferd braucht täglich mehrere Stunden Bewegung, wenn es physisch und psychisch gesund bleiben soll. Zwar wurden in vielen Ställen die Haltungsbedingungen verbessert, sodass mehrstündiger, täglicher Auslauf für viele Pferde selbstverständlich ist. Doch der Reiter hat seinem Tier gegenüber trotzdem die Verantwortung, es regelmäßig zu bewegen. Also hetzen viele Pferdebesitzer nach einem anstrengenden Arbeitstag zu ihrem vierbeinigen Liebling und bemühen sich, ihn in der verbleibenden Zeit so gut wie möglich zu versorgen. Man sollte sich dieser Situation bewusst sein und versuchen, schon beim Putzen oder spätestens beim Warmreiten alle Sorgen hinter sich zu lassen und sich nur auf das Pferd zu konzentrieren. Nur so können wir die gemeinsam verbrachte Zeit wirklich nutzen und genießen.
Nicht nur das Pferd, auch der Reiter braucht Pausen beim Training. Er kann sich dabei lockern, seinen Sitz kontrollieren und die Gelegenheit nutzen, noch einmal über die vorangegangene Lektion nachzudenken: Was kann noch verbessert werden, und wie kann es verbessert werden? War die Hilfengebung eindeutig und sensibel genug? Wie gehe ich an die nächste Anforderung heran?
Die Pausen dienen also nicht nur der Entspannung, sondern auch der Konzentration von Reiter und Pferd – und sind deshalb so wichtig für ein harmonisches und erfolgreiches Miteinander.

DIE VERSTÄNDIGUNG MIT DEM PFERD

Teamarbeit: Damit das Pferd willig mitarbeitet, muss der Reiter sich klar und verständlich ausdrücken.

Gerade Geländereiter vernachlässigen ihren Sitz und ihre Hilfengebung im Laufe der Jahre oft immer mehr. Wie man sich im Sattel hält und auf das Pferd einwirkt, scheint nicht so wichtig zu sein – Hauptsache, das Ross folgt halbwegs den Wünschen des Reiters. Glücklicherweise müssen Sie sich im Gelände tatsächlich nicht in ein starres Sitz- und Hilfenschema pressen lassen. Um sich fein mit Ihrem Pferd verständigen und es gymnastizieren zu können, müssen Sie ihm aber auch im Gelände eindeutige Signale geben. Wenn Sie Ihr Pferd lange gesund erhalten wollen, müssen Sie also auch als Geländereiter die Grundsätze der Hilfengebung beherrschen.

Der Sitz

Was macht den Sitz so wichtig? In erster Linie möchte man als Reiter natürlich oben bleiben und in der Lage sein, harmonisch den Bewegungen des Pferdes zu folgen, um dann die Hilfen fein und sensibel geben zu können.

Was alles dazugehört: Becken, Rumpf und Beine

Der Reiter sitzt auf den Gesäßknochen und den Schambeinästen. Ein unverkrampfter, gerader Oberkörper bietet ihm die Möglichkeit, die Schwingungen des Pferderückens abzufangen und ihnen mit dem Becken elastisch zu folgen. Dabei sollte man weder ein Hohlkreuz noch einen Katzenbuckel machen, denn beides erschwert das Mitgehen in der Bewegung.
Die Beine hängen locker aus dem Hüftgelenk herab und folgen jeder Bewegung des Pferdebauchs, ohne dabei unruhig zu schlackern, festgeklemmt oder hochgezogen zu werden. Versucht der Reiter aus Unsicherheit, sich am Pferd festzuklemmen, hebelt er sich selbst aus dem Sattel.
Die passende Bügellänge hängt nicht nur von der Beinlänge des Reiters ab, sondern auch vom Körperbau des Pferdes: Bei einem runden Pferd wird man die Bügel eher länger verschnallen als bei einem schmalen Pferd. Auch der Ausbildungsstand des Pferdes spielt eine Rolle: Bei jungen oder wenig ausgebildeten Pferden, die hauptsächlich vorwärts-abwärts geritten werden, schnallt man die Bügel etwas kürzer, um im Entlastungssitz (siehe Seite 84) den Schwerpunkt leicht nach vorn verlagern zu können. Ein zu kurz geschnallter Bügel nimmt allerdings dem Bein die Bewegungsfreiheit und bringt den Oberkörper unwillkürlich zu weit nach hinten. Mit längeren Bügeln hat der Schenkel mehr Bewegungsfreiheit. Wenn sich der Reiter jedoch nach dem Bügel strecken muss, kommt er mit dem Oberkörper zu weit nach vorn.

Immer wieder auf den Prüfstand

Da ohne einen ausbalancierten Sitz keine feine Hilfengebung möglich ist, bleibt uns das Feilen am Sitz das

Klare Sache: Bemühen Sie sich auch im Gelände immer um eine eindeutige Hilfengebung!

ganze Reiterleben erhalten. Besonders Sitzfehler, die sich über Jahre eingeschlichen haben, sind schwer zu bekämpfen. Eine große Hilfe kann da das Buch »Reiten aus der Körpermitte« von Sally Swift sein.*

* Sally Swift, *Reiten aus der Körpermitte*, erschienen im Müller Rüschlikon Verlag

Die Autorin zeigt einige Möglichkeiten, seinen Sitz auf mentalem Weg eigenständig zu verbessern.
Auf jeden Fall sollte man ab und zu mal einen Mitreiter bitten, einen kritischen Blick auf den eigenen Sitz zu werfen, um eine objektivere Einschätzung zu erhalten. Zwar lernen Pferde auch, sich mit den Defiziten ihrer

Reiter zu arrangieren, aber wir sollten uns stetig bemühen, unseren Sitz zu verbessern. Wenn schon nicht unserer Gesundheit, dann doch wenigstens dem Pferd zuliebe.

Wie sag ich's meinem Pferd?

Bevor ich im Detail auf die Hilfen eingehe, möchte ich noch einige grundsätzliche Dinge vorausschicken.
Von unerfahrenen Reitern wird gern vergessen, dass das Pferd die Zeichensprache der Hilfen erst erlernen muss. Am Anfang ist unsere Kommunikation sehr einfach: »Zügel annehmen« heißt »Bremsen« und »Schenkel anlegen« heißt »Vorwärts«. Je weiter jedoch die Ausbildung von Pferd und Reiter fortschreitet, umso komplexer wird diese Sprache und umso feiner werden die Zwischentöne.
Denken Sie einmal darüber nach, wie viel Aufmerksamkeit und Entgegenkommen seitens des Tieres nötig ist, um die kleinen, feinen Unterschiede in unserer Hilfengebung zu deuten. Sind wir ungenau in unserer Einwirkung, verwirren wir das Pferd. Allzu oft unterstellen wir dem Pferd, dass es uns einen Streich spielt, während es lediglich unsere Hilfen missverstanden hat: Haben wir das Gewicht wirklich auf die richtige Seite verlagert, oder sind wir beim Angaloppieren in der Hüfte eingeknickt und haben versehentlich die andere Seite belastet? Ist die »schlechte Seite« unseres Pferdes wirklich *seine* schlechte Seite oder vielleicht eher unsere?

Individuell und kreativ

Was das Reiten aber ganz besonders schwierig macht, ist die Tatsache, dass es keine einfachen Standardhilfen gibt. Zum Angaloppieren z. B. haben wir vom Reitlehrer eine einfache technische Anweisung bekommen: halbe Parade, Gewicht nach innen, innerer Schenkel am Gurt, äußerer Schenkel verwahrend hinterm Gurt, Druck mit dem inneren Schenkel, der innere Zügel gibt nach, ohne die Anlehnung aufzugeben. Ganz einfach, oder? Eben nicht, denn das Pferd ist nun einmal kein Automat, bei dem wir nur auf die richtigen Knöpfe drücken müssen, damit er funktioniert.
Unsere Hilfen müssen wir nicht nur auf die Lektionen, sondern vor allem auf das Pferd abstimmen; wir müssen herausfinden, wie es reagiert. Erfühlen Sie erst einmal das Pferd. Ist es fein im Maul? Sensibel am Schenkel? Ist es im Gleichgewicht? Folgt es bereitwillig Ihren Gewichtsverlagerungen? Ist es geradegerichtet? Wie weit ist es ausgebildet? Wenn wir auf die individuellen Eigenheiten des Pferdes nicht entsprechend eingehen, können wir unsere Verständigung mit ihm nicht verfeinern und kommen mit der Ausbildung nur langsam oder gar nicht voran.
Sicher ist es gut, sich an ein erprobtes System zu halten, nur darf das nicht zu Lasten des Pferdes gehen. Wenn Sie also merken, dass das

Lassen Sie sich nicht austricksen!

Mein Pony ist normalerweise sehr willig und reagiert fein auf die Hilfen. Trotzdem gab es vor einiger Zeit eine Phase, in der der Wallach träge wurde. Von Tag zu Tag bog er sich schlechter, die Seitengänge wurden immer matter, der Rücken fester – und ich hatte keine Ahnung, was mit ihm los war. Ich kam mit meinen Schenkelhilfen nicht mehr durch. Da riss mir während eines Ausritts der Geduldsfaden. Als er mein Treiben wieder ignorierte, gab ich ihm einen festen Schlag mit der Gerte. Innerhalb von Sekunden hatte ich mein altes Pony wieder. Doch mein Glück hielt nicht lange. Aber nun war ich gewarnt und stellte ihn auf die Probe. Ich legte meine Schenkel ganz sanft an, und es passierte – gar nichts. Schwups, gab es wieder einen Klaps mit der Gerte, wieder schreckte mein Pony hoch, aber diesmal hielt sein Gehorsam wesentlich länger. Zwar versucht er auch heute noch ab und zu, mich auszutricksen, aber ich bin gewarnt und lasse es nun nicht mehr so weit kommen.

»Strickmuster« der Ausbildung Ihr Pferd eher einengt, dann knüpfen Sie die Maschen ein bisschen lockerer. Wenn Ihr Pferd besser in Außenstellung angaloppiert, also bitte – warum nicht? Als Geländereiter sind Sie schließlich nicht so sehr an Vorschriften gebunden wie ein Turnierreiter.
Dass Reiten auch viel Kreativität verlangt, merkt man gerade auch bei jungen Pferden. Immer wieder ist man gezwungen, das Bewährte zu überdenken und nach anderen Wegen zu suchen, sonst kommt im besten Fall ein gehorsames Normpferd heraus, die Persönlichkeit bleibt jedoch oft auf der Strecke.
Ich habe dies einmal bei einem Halbblut-Hengst erlebt, der zum Einreiten einem Profi übergeben wurde. Als seine Besitzerin ihn in Ausbildung gab, war er ein übereifriges Energiebündel mit viel Charme, Ausdruck und Esprit. Seine Gänge hätten jedem Dressurcrack alle Ehre gemacht. Nach dem Beritt war er gehorsam und im Gleichgewicht, kannte viele Lektionen und hatte den Ausdruck eines Schulpferdes, das schon viele Jahre seine Runden dreht. Dieses Pferd war unter dem Ausbildungsschema zerbrochen. Damit Ihnen mit Ihrem Pferd nicht Ähnliches passiert, gestatten Sie sich ausreichenden Freiraum, ohne jedoch Ihre Ansprüche aufzugeben.

Timing und Gehorsam

Das Wichtigste an den Hilfen ist, dass sie auch wirklich ankommen. Besonders im Gelände, wo es ja nicht so wichtig ist, wo genau man antrabt oder durchpariert, wird man in der Hilfengebung leicht ein bisschen schlampig. Wie oft erleben wir Pferde, die sich erst dann in Bewegung setzen, wenn ihnen das Klopfen am Bauch nun wirklich zu lästig wird! Um ein Pferd gymnastizieren zu können, ist es jedoch wichtig, dass es prompt auf die Zeichen des Reiters reagiert, denn das richtige Timing ist entscheidend. Um diesen punktgenauen Gehorsam zu bekommen, muss man sehr konzentriert reiten und die Unachtsamkeit aufseiten des Pferdes auch konsequent ahnden.

Pferde können unglaublich fein reagieren, sodass man fast glaubt, ihre Reiter würden sie nur mit der Kraft ihrer Gedanken lenken. Dieses Ziel sollte man nicht aus den Augen verlieren, auch wenn es anfangs unerreichbar scheint. Denn wie fein die Signale sind, auf die unser Pferd reagiert, hängt letztlich von uns ab.

Treiben – aber wie?

Dass bei den Hilfen das Treiben an erster Stelle steht, hat seinen Grund. Denn die treibenden Hilfen sind nicht nur für das »Vorwärts« verantwortlich, sondern unterstützen auch die Paraden (siehe Seite 52) und die Biegung. Versteht man richtig zu treiben, werden sich viele Reitprobleme wie von selbst lösen.

Der Schenkel als aufmerksamer Wächter

Gerade gemütlichere Pferde versuchen immer wieder, den treibenden Schenkel zu ignorieren. In einem solchen Fall braucht man viel Konzentration, denn der sofortige Schenkelgehorsam muss prompt gelobt werden, während auf ein Missachten der Hilfe konsequent die Reaktion mit der Gerte folgen sollte. Um mit unserem Schenkel durchzukommen, ist also nicht die Kraft entscheidend, sondern vielmehr ein

Schenkelanlehnung

Die feine Schenkelanlehnung ergibt sich aus dem richtigen Sitz. Um richtig einwirken zu können, muss der Oberschenkel leicht nach innen gedreht werden, damit das Bein flach am Pferdebauch anliegen kann. Um sicher zu gehen, dass die Schenkelanlehnung nicht unbemerkt zu fest wird, sollte man von Zeit zu Zeit die Beine mal ganz vom Pferd lösen und dann wieder langsam Kontakt aufnehmen. Die weich ans Pferd gelegten Beine helfen dem Reiter, die Tätigkeit der Hinterbeine zu erspüren. Wie weit tritt das Pferd unter? Trägt das Pferd das Gewicht wirklich überwiegend mit der Hinterhand? Aus diesem passiven Sich-Bewegen- und Fühlenlassen der Schenkel kann der Reiter seine Hilfen entwickeln.

folgerichtiges Konzept, Konzentration und ein Lob zum richtigen Zeitpunkt. Hat das Pferd erst einmal die Bedeutung der treibenden Schenkelhilfe erkannt, kann es auf immer feinere Zeichen abgestimmt werden. Geht es fleißig vorwärts, bleiben die Schenkel passiv. Lässt der Arbeitseifer nach, wird der Schenkel aktiv, bis das gewünschte Tempo wieder erreicht ist.
Die Hilfen geben im Gelände also nicht bei jedem Schritt Tempo und Takt vor, sondern werden nur eingesetzt, wenn das Pferd den Takt verliert. Der Schenkel spielt die Rolle des aufmerksamen Wächters. Hält man sich an diese Regel und vergisst das Loslassen nach erfolgter Hilfe nicht, wird man nie in die unangenehme Lage kommen, jeden Tritt aus seinem Pferd »herausquetschen« zu müssen.
Die Schenkelhilfe mag dem Anfänger leicht erscheinen: Beine an den Pferdebauch, und schon geht's los. Doch je höher die Anforderungen werden, umso differenzierter werden auch die Schenkelhilfen. Es gibt Abstufungen vom Haarekitzeln bis zum starken Andrücken, und auch das Timing wird immer wichtiger. Eine Grundvoraussetzung für gefühlvolles Reiten ist die Schenkelanlehnung.
Viele Menschen glauben, ein großer Reiter könnte auf einem kleinen Pony nicht richtig treiben, weil der größte Teil seines Unterschenkels nicht am Pferd liegt. Man muss aber nicht das Pferd mit der ganzen Wade umfassen können, um effektiv einzuwirken.

Grundsätzlich gibt es zwei Methoden, den Schenkel treibend einzusetzen. Beide Varianten sollte man kennen und beherrschen, denn es wird immer Pferde und Situationen geben, in denen man die eine der anderen vorziehen sollte.

Wechselseitiges Treiben

Wenn wir locker und entspannt im Sattel sitzen und unsere Beine baumeln lassen, bemerken wir, wie der Pferdebauch im Schritt erst auf der einen Seite und dann auf der anderen Seite gegen unseren Schenkel drückt. Hervorgerufen wird diese Bauchbewegung durch das Vorgreifen des jeweiligen Hinterbeines. Fühlt man den Bauch also rechts, geht gerade das rechte Hinterbein vor. Zum Üben schließen Sie am besten die Augen und überbetonen das Pendeln der Unterschenkel. Mit ein wenig Übung fühlen Sie schon bald, welches Hinterbein gerade vortritt, und können gezielt auf dieses Hinterbein einwirken.
Damit haben wir das Grundprinzip des wechselseitigen Treibens erfasst. Wenn wir den wechselseitigen Rhythmus erfühlen, können wir auch im störanfälligen Schritttakt treiben, ohne dass das Pferd anfängt, Pass zu gehen oder zu zackeln. Möchte man den Takt beschleunigen, muss man kurz vor dem Abfußen eine energische Schenkelhilfe geben. Will man die Tritte verlängern, muss die energische Hilfe das vortretende Hinterbein auf dem Höhepunkt des Vorgehens erwischen. Auch die Versammlung erreicht man leichter, wenn man das wechselseitige Treiben beherrscht. Wirkt

Schenkel-Schule: Wenn man seine Unterschenkel im Schritt locker herunterhängen lässt, spürt man, wann welches Hinterbein vorgreift.

man mit dem Schenkel in dem Moment ein, in dem ein Bein belastet ist, so wird es deutlich stärker gebeugt. Letztlich kann man auch die Zügelhilfen nur dann sinnvoll einsetzen, wenn man mit ihnen nicht aus Versehen gegen ein gerade abschiebendes Hinterbein einwirkt.

Beidseitiges Treiben

Bei der anderen Variante treibt man das Pferd gleichzeitig und gleichmäßig mit beiden Schenkeln. Das hört sich zwar einfacher an als das wechselseitige Treiben, ist es aber nicht. Auch beim beidseitigen Treiben müssen sich die Unterschenkel erst passiv an das Pferd schmiegen und die Bewegungen des Pferdekörpers erfühlen. Da den beidseitigen Hilfen die direkte Einwirkung auf die Hinterbeine fehlt, gehört viel mehr Geschick dazu, das Pferd auf diese Weise zum vermehrten Untertreten mit der Hinterhand zu bringen. Erst müssen die Schubkraft und der freie Schwung gefördert werden, und dann wird das Pferd unter Beibehaltung des Taktes mit leichten Paraden (siehe Seite 52) zurückgenommen. Verfügt man hier nicht über ausreichend Übung, kann es leicht passieren, dass man sich am Zügel festzieht. Man muss sehr gewissenhaft darauf achten, nur kleine Paraden zu geben und die Tritte peu à peu zu verkürzen. Versuchen Sie nicht gegenzuhalten, bis das Pferd das gewünschte Tempo einschlägt. Es lernt dann nur, selber gegen die Hand zu drücken – und bei einem Tauziehen stehen Sie auf verlorenem Posten.

Das beidseitige Treiben kann bei manchen Pferden sinnvoll sein – beispielsweise, um die Tiere auf einer geraden Linie zu halten oder um das Wegeilen von den Schenkeln zu korrigieren. Im Normalfall kann man aber feiner und exakter einwirken, wenn man die Schenkel wechselseitig einsetzt.

Verwahrender Schenkel

Die Begriffe »treibender« und »verwahrender« Schenkel sind für viele Reiter verwirrend: Sie glauben, der »verwahrende« Schenkel wäre inaktiv. Dabei fällt Letzterem eine Handbreit hinter dem Gurt eine wichtige Aufgabe zu, denn er soll das Ausfallen der Hinterhand in der Biegung verhindern. Ausfallen kann man bei fast jedem Pferd leicht provozieren, indem man eine Volte reitet und dabei den verwahrenden äußeren Schenkel inaktiv lässt. Dann verlässt die Hinterhand die Kreislinie und entzieht sich so der Biegung und der vermehrten Gewichtsübernahme. Auf der Geraden macht das Pferd dasselbe, nur dass man es dort nicht so leicht bemerkt. Verhindert man nun mit dem äußeren Schenkel das Ausfallen der Hinterhand, ist man den Zielen Geraderichtung und Versammlung schon ein ganzes Stück näher gekommen.
Zwar soll die Schenkeleinwirkung grundsätzlich so fein wie möglich sein; wir dürfen aber nicht vergessen, dass es auch mal notwendig sein kann, stärker zu agieren, um klarzumachen, dass wir es ernst meinen. Jeder Reiter muss für sich entscheiden,

Wenn Pferde das Treiben ignorieren ...

Unerfahrene Reiter versuchen oft, eine Reaktion mit Kraft zu erzwingen. In ihrem Eifer bemerken sie es nicht, wenn das Pferd gehorcht, und drücken weiter. Folglich fängt das Pferd an, die Hilfen zu ignorieren: Der Druck bleibt ja doch immer gleich, egal, ob es reagiert oder nicht. So wird der Gehorsam allmählich totgedrückt. Dem Reiter bleibt dann nur noch die Gerte als treibendes Instrument. Nutzt er sie genauso planlos, wird das Pferd sich bald auch nach dem Einsatz der Gerte nur widerstrebend in Gang setzen.

Man muss sich allerdings auch darüber im Klaren sein, dass die meisten Pferde, wenn sie vor der Wahl stehen, sich anzustrengen oder den Reiter zu ignorieren, sich gern auch mal für das Zweite entscheiden. Dann kann ein erfahrener Reiter mit Gerte oder Sporen darüber wachen, dass die Bequemlichkeit nicht überhand nimmt. Natürlich könnte man sich auch fragen, warum sich das Pferd denn die Arbeit nicht ein wenig erleichtern soll. Abgesehen davon, dass wir dann auch vor der Frage stehen, warum wir es unserem Liebling überhaupt zumuten, vom Hof zu gehen, ist Gymnastizierung natürlich immer mit Anstrengung verbunden – die wir unserem Pferd aber zumuten müssen, wenn es noch lange gesund bleiben soll.

wie viel Kraft er einsetzen möchte, bevor er seinen Wünschen mit Gerte oder Sporen Nachdruck verleiht.

Zum Treiben kommen

Hat ein Reiter in der Reitschule das »Bodybuilding« auf Schulpferden kennen gelernt, die nur dann

Wenn nichts mehr geht ...

Will man schenkeltaube Pferde wieder sensibilisieren, muss man beim unterstützenden Einsatz von Gerte oder Sporen schnell reagieren, ohne das Pferd zu verschrecken. Gleichzeitig ist es wichtig, das Pferd zur Mitarbeit zu motivieren. Kurze, flotte Ritte, möglichst in Gesellschaft, wecken die Freude am Laufen und fördern den Schenkelgehorsam. Viel Abwechslung und Tempowechsel sowie das Antraben oder Angaloppieren aus dem Stand können gewürzt mit viel Lob wahre Wunder wirken.

vorwärts gehen, wenn man droht, ihnen das Leben aus dem Leib zu quetschen, wird er über jedes Pferd hoch erfreut sein, das seiner Schenkelhilfe zuvorkommt und freiwillig vorwärts geht. Umso verständnisloser wird er reagieren, wenn man ihm sagt, dass ein Pferd sich treiben lassen muss, um gymnastiziert werden zu können.
Schauen wir uns so ein fleißiges Lieschen doch einmal genauer an. Meist rennt es hektisch unter einem davon, wechselt ständig Takt und Tempo und kann sich nur selten entspannen. Wir möchten aber ein gelassenes, ruhiges Pferd, das zwar auf die kleinsten Hilfen sofort reagiert, ihnen aber auch nicht zuvorkommt. Kommt das Pferd den Hilfen ständig zuvor, wird es nicht mehr punktgenau reagieren und z. B. aus Übereifer früher angaloppieren als gewünscht.
Außerdem können wir das Ziel der Gymnastizierung nicht erreichen, wenn wir nicht zum Treiben kommen.
Damit das Pferd den Reiter schadlos tragen kann, muss es ja sein Gewicht vermehrt auf die Hinterhand verlagern. Und um das zu erreichen, müssen wir (neben den anderen Hilfen) mit den Schenkeln auf die Hinterbeine einwirken können. Rennt das Pferd nun aber schon bei der kleinsten Schenkelhilfe davon, lastet sein Gewicht weiterhin zu sehr auf der Vorhand.

Die Hilfsmittel: Gerte und Sporen

Die Gerte sollte je nach Größe des Pferdes ca. 1,10 m bis 1,30 m lang sein. Außerdem sollte sie nicht zu stark federn, sonst landen Sie gerade in den schnelleren Gangarten unbeabsichtigte Treffer auf der Pferdekruppe. Sie darf aber auch nicht zu starr sein, sonst gibt es bei jeder Berührung einen Rückschlag in die Reiterhand.
Die Gerte ist ein sehr feines Instrument, das auch dementsprechend genutzt werden sollte. Setzt man sie strafend ein, so sollte dies immer wohl überlegt und niemals im Zorn geschehen. Wer die Gerte zum Prügeln benutzt, hat von der Reiterei nichts verstanden.
Die Sporen muss man sich verdienen. Hat man seine Unterschenkel noch nicht jederzeit unter Kontrolle, haben Sporen an den Stiefeln nichts verloren. Braucht man die Sporen, damit das Pferd überhaupt vorwärts geht, hat man ihre Rolle völlig missverstanden.
Sporen sind dazu da, das Reiten feiner zu gestalten – und nicht dazu, das Pferd zu schikanieren. Richtig eingesetzt, können die Sporen zur feinen Kommunikation zwischen Reiter und Pferd beitragen.

Das Tüpfelchen auf dem i: die Gewichtshilfen

Um sein Körpergewicht beim Reiten richtig einsetzen zu können, braucht der Reiter einen geschmeidigen, gut ausbalancierten Sitz. Er muss mit den Bewegungen des Pferdes mitgehen können, ohne aus dem Gleichgewicht zu geraten. Der

Reiter sollte stets so sitzen, dass sein Schwerpunkt mit dem des Pferdes übereinstimmt.
Steht das Pferd noch am Anfang seiner Ausbildung, kann dies ganz unterschiedliche Sitzpositionen erfordern, weil das Pferd noch nicht ausbalanciert ist. Gewichtshilfen werden vom jungen, unverdorbenen Pferd intuitiv richtig verstanden. Um das Gleichgewicht wieder herzustellen, wird das Pferd immer wieder versuchen, unter den Schwerpunkt des Reiters zu treten, und schon haben wir mit unseren Gewichtshilfen Erfolg.
Sitzen wir aber auf dem Pferderücken wie ein schlecht gepackter Rucksack, mal mehr nach links, mal mehr nach rechts, mal in der Bewegung, mal davor und mal dahinter, wird das Pferd bald gar nicht mehr daran denken, von sich aus das Gleichgewicht wieder herzustellen, weil sich der Erfolg wegen der Instabilität des Reiters doch nicht einstellt.

Was man alles falsch machen kann ...

Auch fortgeschrittene Reiter haben oft völlig falsche Vorstellungen von den Gewichtshilfen. So sieht man oft Reiter, die sich auf einem eher faulen Pferd nach hinten lehnen, um das Pferd mit dem Kreuz vorwärts zu schieben. Anfangs haben sie damit vielleicht Erfolg, später merken sie, dass sie mit der Zeit immer mehr Kraft brauchen und beginnen, sich mit den Beinen festzuklemmen und den Oberkörper zu verkrampfen.
Man sollte die Ausbildung des Pferdes so gestalten, dass es angeregt wird, mit dem Reiter in Balance zu bleiben. Das heißt, wenn der Reiter seinen Schwerpunkt nach hinten verlagert, wird das Pferd dies ebenso tun und mit der Hinterhand vermehrt untertreten. Die Voraussetzung dafür ist aber, dass das Pferd sowohl die Dehnung nach vorwärts-abwärts kennt als auch die Versammlung beherrscht. Erst dann kann es seinen Schwerpunkt beliebig

Nach vorne lehnen zum Bremsen?

Reiter mit heftigen Pferden lehnen sich oft zu weit vor, weil sie dem Satz folgen: »Ein heftiges Pferd wird ruhiger, wenn man sich nach vorn lehnt.« Dies mag im Prinzip ja richtig sein, aber der Reiter macht es sich hier ein bisschen zu einfach. Geht der Reiter in den Entlastungssitz, wird ein heftiges Pferd ruhiger, weil es ihm dann leichter fällt, seinen Rücken loszulassen. Kann der Rücken besser schwingen, wird der Gang ruhiger und gleichmäßiger.
Ein nicht ausbalanciertes Pferd, das den Großteil des Gewichts noch mit der Vorhand trägt, wird dagegen eher noch schneller werden, wenn der Reiter mehr Gewicht nach vorn bringt.

Etwas Reiter-Gymnastik

Gerade in den Wendungen ist es wichtig, dass Sie Ihre Schulter gegen die Hüfte drehen. Probieren Sie das einmal im Stehen aus: Stellen Sie sich gerade hin und belasten Sie beide Beine gleichmäßig. Nehmen wir an, Sie wollen linksherum reiten: Schieben Sie die linke Hüfte vor, und nehmen Sie die linke Schulter zurück (die äußere Schulter kommt dadurch automatisch etwas nach vorn). Schon spüren Sie auf dem linken Fuß deutlich mehr Gewicht. Probieren Sie es nun auch mal auf der anderen Seite.

verlagern, um im Einklang mit dem Reiter zu bleiben. Dann braucht dieser sich auch nicht mit dem ganzen Oberkörper nach hinten zu lehnen, sondern nur seine Gesäßknochen etwas mehr zu belasten, um die entsprechende Gewichtshilfe zu geben.

Seitliche Gewichtsverlagerung: der Drehsitz

Gerade für das korrekte Reiten von Biegungen ist die Gewichtshilfe ausgesprochen wichtig. Schon durch kleine Fehler kann die Hilfengebung nicht mehr eindeutig beim Pferd ankommen.

Eine minimale Gewichtsverlagerung, zusammen mit dem vermehrten Austreten des entsprechenden Bügels, sollte ausreichen, um das Pferd zu lenken. Meistens klappt es mit den Gewichtshilfen nicht, weil die äußere Schulter in der Biegung nicht weit genug mitgenommen wird. Aber oft blockiert der Reiter sich auch selbst, indem er in der Hüfte einknickt! Dann wirken die Gewichtshilfen genau entgegengesetzt. Um das zu vermeiden, sollten Sie darauf achten, dass Ihre beiden Schultern gleich hoch sind.

Schon durch das bewusste Drehen von Schulter und Hüfte gegeneinander kann man ein Einknicken in der Hüfte vermeiden. Außerdem gehen Sie, wenn Sie Ihre Schulterdrehung harmonisch und fließend der Biegung anpassen, mit der äußeren Hand automatisch genauso weit vor, wie Sie mit dem äußeren Zügel nachgeben müssen.

Im Idealfall sollte Ihr Pferd auch ohne Einwirkung des Zügels auf die Gewichtshilfen reagieren. Lassen Sie doch zur Probe einmal die Zügel möglichst lang und versuchen Sie, Ihr Pferd nur mit dem Gewicht zu lenken. Widerstehen Sie dabei der Versuchung, sich von links nach rechts zu werfen, nur um zu testen, wie gehorsam das Pferd Ihrem Gewicht folgt, und bringen Sie Ihr Pferd nicht aus der Balance. Reiten Sie stattdessen möglichst fließende Wendungen. Sie werden staunen, wie gut das klappt: Kaum dass Sie sich nach rechts gedreht haben, tritt

Wackeln verboten: Die Haltung Ihres Kopfes wirkt sich auf den ganzen Sitz aus.

Ihr Pferd auch schon nach rechts! Ein anschauliches Beispiel dafür, dass man mit wenig Hilfeneinsatz sehr viel erreichen kann.

Bringen Sie Ihren Kopf ins Lot!

Der Kopf spielt bei den Gewichtshilfen eine entscheidende Rolle, leider oft die des Spielverderbers. Setzen Sie sich einmal gerade auf einen Stuhl, und lassen Sie Ihren Kopf nach links fallen. Sie werden merken, dass das ganze Gewicht plötzlich auf dieser Seite liegt. Die Kopfhaltung wirkt sich durch den langen Hebel des Oberkörpers sehr deutlich auf die Gewichtshilfen aus. Kontrollieren Sie deshalb Ihre Kopfhaltung so oft wie möglich.

Sitzen Sie schief?

Kennen Sie das Gefühl, dass man im Sattel hin und her rutscht, mal den einen Bügel mehr austritt, mal den

anderen, einen Bügel länger und dann wieder kürzer schnallt und trotzdem immer das Gefühl hat: »Irgendwie sitze ich schief«? Dann kauft man sich einen neuen Sattel, steigt auf, und schon bald stellt sich das alte Gefühl wieder ein: Ich sitze schief!
Die Ursache dafür ist oft die natürliche Schiefe des Pferdes, durch die eine Seite des Pferderückens tiefer liegt als die andere. Ist der Reiter noch relativ unerfahren oder hat er wenig Vergleichsmöglichkeiten, wird er diesen Höhenunterschied bald nicht mehr wahrnehmen und ihn ausgleichen, indem er in der Hüfte einknickt. Dann kann er sich noch so sehr bemühen – seine Gewichtshilfen werden ihr Ziel nie erreichen. Kontrollieren Sie also genau: Sitze ich wirklich in der Mitte des Sattels (Bauchnabel über dem Mähnenkamm)? Habe ich z. B. das Gefühl, links tiefer zu sitzen als rechts? Wenn ja, sollten Sie sich den Abschnitt über die natürliche Schiefe nicht entgehen lassen (siehe Seite 109).

Die Zügelhilfen

Während die Gewichts- und Schenkelhilfen beim Reiten oft zu kurz kommen, werden die Zügelhilfen häufig viel zu stark eingesetzt. Dieser Fehler schleicht sich leichter ein, als man denkt. Nehmen wir ein Beispiel: Wenn Sie auf einer Treppe das Gleichgewicht verlieren und hinunterzufallen drohen, werden Sie versuchen, nach irgendetwas zu greifen, was Ihnen Halt bietet. Auch beim Reiten neigt man in brenzligen Situationen leider dazu, sich am Zügel festzuhalten oder das Pferd ausschließlich mit den Zügeln zu bremsen.
Zügelhilfen sind jedoch nur im Zusammenspiel mit den anderen Hilfen sinnvoll. Das gilt für das Durchparieren genauso wie für das Reiten von Wendungen. Wirkt die Hand allein oder zu stark ein, kann sie genau das Gegenteil von dem provozieren, was man eigentlich erreichen wollte. Besonders bei temperamentvollen Pferden braucht man eine leichte Hand, die präzise einwirkt. Mit Gewalt kann man die Pferde nicht stoppen, sondern bringt sie eher dazu, vor dem durch die harte Hand ausgelösten Schmerz davonzulaufen.
Der Reiter muss also lernen, seine Hand im Zusammenspiel mit den anderen Hilfen gefühlvoll einzusetzen. Dazu braucht er vor allen Dingen einen guten Sitz, sodass er seine Hände ruhig halten kann, und lockere Schulter- und Handgelenke, um weich auf das Pferdemaul einwirken zu können. Es ist deshalb auch keine gute Idee, die Hände auf dem Widerrist abzustützen. Hals und Kopf des Pferdes machen bei jedem Schritt, Tritt und Sprung eine Art Nickbewegung, der die Hand folgen muss, um einen Ruck im Pferdemaul zu vermeiden. Das Mitgehen der Hände mit dieser Bewegung nennt man »Handatmung«.
Ein Annehmen des Zügels ist also kein Ziehen, sondern ein kurzfristiges Aussetzen der Handatmung, dem sofort ein Nachgeben, also ein Wiedereinsetzen dieser Bewegung,

Ein hingegebener Zügel ist kein weicher Zügel

Viele Reiter, die fürchten, ihre Hand könnte zu hart sein, flüchten sich in das genaue Gegenteil und reiten ihre Pferde nur noch am hingegebenen Zügel. Das Reiten am hingegebenen Zügel kann zwar bei einem gelassenen Pferd gut gehen, und man kann so auch wunderschöne Wanderritte machen, aber man muss sich darüber im Klaren sein, dass man sein Pferd auf der Vorhand reitet. Das wird dem Ross auf Dauer schaden.

folgen muss. Dieses Nachgeben ist sehr wichtig, um das Pferd zu belohnen und ihm Gelegenheit zu geben, seine angespannten Muskeln wieder zu entspannen. Auch der Reiter bleibt so locker, und ein Festziehen auf beiden Seiten wird vermieden.
Neben dem lockeren, ausbalancierten Sitz brauchen Sie das Hintergrundwissen darüber, wann und wie Sie die Zügelhilfen gezielt einsetzen können. Erste Voraussetzung dafür ist die stetige, feine Verbindung zum Pferdemaul: die Anlehnung.

Die Anlehnung

Die Verbindung zum Pferdemaul muss so fein sein, dass der Reiter die Bewegungen des Mauls mit der Hand erspüren und ihnen folgen kann. Wie weich sich das Pferdemaul in der Zügelhand anfühlen soll, wird in den Reitlehren gern in anschaulichen Bildern geschildert – beliebt ist z. B. das Bild vom Messer, das durch weiche Butter gleitet. Solche Bilder geben einem zwar Anhaltspunkte, aber wie weich ein Pferdemaul wirklich sein kann, wird man erst erfahren, wenn sich das Pferd locker und weich in die Hand schmiegt. Solche Idealbilder können allerdings auch den Lernfortschritt des Reiters blockieren, da er in der Regel kein so fein ausgebildetes Pferd zur Verfügung hat. Der Reiter

Die richtige Anlehnung finden

Viele Reiter lassen den Zügel mehr oder weniger ganz los, um die Zügelhilfen fein zu gestalten. In Folge dieser an sich löblichen Absicht kann die Verbindung zum Pferdemaul nicht gleichmäßig aufrechterhalten und keine feine Anlehnung erreicht werden: Das Pferd gibt es irgendwann entnervt auf, in dem ständigen »Wackelkontakt« einen Sinn zu suchen, und reagiert von da an nur noch auf handfeste Signale.

Feiner Kontakt: Um die Anlehnung zu fördern, treibt man das Pferd mit Schenkeln und Gewicht ans Gebiss heran. Geeignete Lektionen dafür sind z. B. Zirkel und Volten um Gestrüpp, Baumstümpfe oder Pfützen herum.

muss also lernen, seine Hilfengebung dem Ausbildungsstand des Pferdes anzupassen.
Es ist nicht leicht, die richtige Anlehnung für das jeweilige Pferd zu finden. Pferde mit einem empfindlichen Maul, einer leichten Vorhand und einem lebhaften Temperament suchen die Anlehnung oft von sich aus, während Pferde mit entgegen-

Wenn das Pferd sich auf die Hand legt ...

Gerade Anfänger schleppen manchmal mit immer lahmer werdenden Armen den Kopf ihres Pferdes durch die Gegend – in der Annahme, dass dies so sein müsste. Legt der Vierbeiner dann eigenmächtig an Tempo zu, können die Reiter ihn nicht halten. Selbst ein Pferd, das in flottem Tempo vorwärts-abwärts geritten wird, darf niemals auf den Zügel drücken. Dies ist entweder ein Zeichen für mangelndes Gleichgewicht, wenn das Pferd die Schubkraft aus der Hinterhand noch nicht genügend ausbalancieren kann, oder für Widersetzlichkeit.

Manche Pferde blockieren die Hilfengebung ihrer Reiter regelrecht, indem sie das Gewicht von Hals und Kopf auf das Gebiss stützen. Man kann sie aus dem Konzept bringen, indem man plötzlich mit der Hand nachgibt und das Pferd so zwingt, sich neu auszubalancieren und seinen Kopf wieder selbst zu tragen. Beim jungen Pferd muss man versuchen, es mit vielen leichten Paraden (siehe Seite 52) wieder ins Gleichgewicht zu bringen.

gesetzten Anlagen eher die Tendenz haben, sich auf die Hand zu legen.

Je höher die Versammlung, umso mehr wird der Schwerpunkt nach hinten verlagert – und umso leichter fällt es dem Pferd, auf die leichtesten Hilfen des Reiters zu reagieren. Die Anlehnung wird feiner. Je geringer die Versammlung, desto weiter vorn liegt der Schwerpunkt und desto mehr Zügelkontakt wird das Pferd brauchen. Dies gilt für jede Gangart. Bei jungen Pferden, deren Bewegungen noch sehr unregelmäßig sind, ist es deshalb besonders schwierig, eine gleichmäßige Anlehnung zu erhalten.

Wer glaubt, die Sache mit der Anlehnung sei kompliziert, bekommt jetzt noch mehr Argumente an die Hand. Denn die Anlehnung muss nicht nur auf Körperbau, Temperament und Ausbildungsstand des Pferdes, sondern auch auf die momentane Situation abgestimmt werden. Pferde, die nur unsicher vorwärts gehen, wird man mit leichter Hand zu leiten versuchen, während Pferde, die sich mit aller Macht nach vorn werfen, ein wenig mit der Hand aufgefangen werden müssen, bis sie ihr Gleichgewicht wieder gefunden haben.

Viele der beim Reiten auftretenden Probleme sind darauf zurückzuführen, dass etwas mit der Anlehnung nicht stimmt.

Ich habe einmal eine ältere Connemarastute erlebt, die in ihrer Jugend vierspännig gefahren worden war. Sie hatte ein sehr empfindliches Maul. Um sich der scharfen Einwirkung der Fahrkandare zu entziehen, hatte sie es sich angewöhnt, die

Zunge gegen das Gebiss zu pressen, das Genick festzumachen und den Unterhals herauszudrücken. Als Reitpferd behielt sie diese Haltung bei und war auch mit scharfen Gebissen nur sehr schlecht zu halten. Es war nicht möglich, sie mit dem Schenkel an die Hand heranzutreiben, denn sie ignorierte den Schenkel einfach. Kam man dann mit Sporen, fing sie an zu zackeln und den Kopf hochzuwerfen. Solche Pferde müssen erst mit extrem leichter Hand vorwärts geritten werden, bis sie lernen, die Anlehnung zu suchen und so an das Gebiss heranzutreten.

Das Pferd an die Hand herantreiben

Bei einem gut ausgebildeten Pferd sorgen die Schenkel dafür, dass der Zügelkontakt nicht abbricht. Dies hört sich im ersten Moment vielleicht unlogisch an, ist es aber nicht. Überlegen Sie einmal, wodurch Sie die Anlehnung erreichen. Sie treiben Ihr Pferd vorwärts, bis es anfängt, Hals und Kopf tief zu nehmen und sich zu dehnen. Dabei muss zunächst jede rückwärts wirkende Zügelhilfe vermieden werden. Der Zügel begrenzt diese Dehnung nur und bietet dem Pferd einen Orientierungspunkt, mit dessen Hilfe es sich ausbalancieren kann, ohne sich darauf abzustützen.

Die Aufgaben des inneren und des äußeren Zügels

Gerade wenn man viel im Gelände reitet, sollte man bewusst darauf achten, auf einer bestimmten Hand zu reiten. Ich orientiere mich immer an meiner Gerte. Habe ich die Gerte links, so reite ich auch auf der linken Hand, trabe auf dieser Seite leicht (siehe Seite 85) und galoppiere auch links an. Nach jeder Trab- oder Galoppstrecke wechsele ich die Hand. So gibt es für mich auch auf gerader Strecke immer einen inneren und einen äußeren Zügel.

Bei einem gut ausgebildeten Pferd sollte der innere Zügel das Pferd stellen, den Hals biegsam halten, die

Wenn das Pferd hinter dem Zügel geht ...

Auch Pferde, die hinter dem Zügel gehen, führen viele Reiter in die Irre. Ihre Hälse sind wunderschön aufgewölbt, nur tragen sie den Kopf ein klein wenig hinter der Senkrechten. »Ich habe gar nichts in der Hand«, freut sich der unerfahrene Reiter und wähnt sich in Sicherheit. Kommt das Pferd allerdings auf die Idee, etwas schneller zu laufen, folgt ein Moment des bösen Erwachens. Das Pferd hat sich der Zügeleinwirkung entzogen und ist weder zu lenken noch anzuhalten. Ausgetrickst! Dieses Verhalten kommt oft bei Pferden vor, die sich vor dem Gebiss und dem Druck auf die Laden fürchten.

Biegung nach innen unterstützen und Wendungen einleiten. Der äußere Zügel sollte die Haltung steuern und den Grad der Biegung begrenzen.
Daraus ergibt sich, dass jede Zügeleinwirkung immer die Gegenwirkung des anderen Zügels erfordert – sonst wirkt das Gebiss nicht auf die Laden, sondern wird einfach nur durchs Maul gezogen. Diese Aufgaben können die Zügel jedoch erst voll erfüllen, wenn das Pferd die Grundausbildung hinter sich hat und ausbalanciert, geradegerichtet und losgelassen vorangeht.

Wie man um die Kurve reitet

Anfänger meinen oft, das Pferd würde seiner Nasenspitze hinterherlaufen, und versuchen, den Pferdekopf mit einem Zügel herumzuziehen. Dann bemerken sie, dass man durchaus die Pferdenase bis ans Reiterknie ziehen kann, ohne das Pferd am Geradeauslaufen zu hindern. Ein Pferd kann auch eine Volte gehen, während seine Nase nach außen zeigt.
Will man ein Pferd richtig lenken, braucht man vor allem eine gute Anlehnung, also die sichere Wirkung beider Zügel, die, wie wir schon gesehen haben, nur durch die korrekte Einwirkung der Schenkel erreicht werden kann. Der innere Schenkel unterstützt dabei den inneren Zügel dadurch, dass er das Pferd biegt und das innere Hinterbein unter die Last schiebt. Der äußere Schenkel begrenzt die Biegung, hindert den äußeren Hinterfuß am Ausfallen und unterstützt so den äußeren Zügel.

Die Paraden

Paraden können das Pferd aufmerksam machen, seine Haltung verbessern, es in eine langsamere Gangart zurücknehmen oder es zum Stehen bringen. Bei der Parade wirken verhaltende Zügelhilfen mit treibenden Schenkel- und Gewichtshilfen zusammen. Viele Reiter agieren dabei jedoch viel zu viel mit der Hand und vergessen, dass jede Aktion des Zügels durch Schenkel- und Gewichtshilfen unterstützt werden muss. Die treibenden Schenkel- und Gewichtshilfen sind dafür verantwortlich, die Hinterhand unter den Schwerpunkt des Pferdes zu treiben, damit es sein Gewicht nach hinten verlagert. Ohne treibende Hilfen tritt die Hinterhand nicht unter, und das Pferd reagiert mit weggedrücktem Rücken und nach hinten ausgestellten Hinterbeinen auf die Zügeleinwirkung. Dasselbe Bild ergibt sich, wenn man die Zügel zu hoch hält.
Bei der Parade lässt man die Zügel kurz anstehen, geht also einen Augenblick lang nicht mit der natürlichen Kopf-Halsbewegung des Pferdes mit, und treibt gleichzeitig mit Schenkeln und Gewicht. Anschließend gibt man mit den Zügeln wieder nach. Je nach Dauer und Intensität der Parade verlagert das Pferd »nur« sein Gewicht nach hinten, wird außerdem langsamer oder bleibt stehen.
Setzt man zum Anhalten nur die Zügel ein, so pariert das Pferd auf der Vorhand durch, was ein hohes gesundheitliches Risiko birgt. Die

Parade-Probleme

Pferde mit langen Fesseln haben immer wieder Probleme beim Durchparieren. Sie stürzen, sobald die Hinterbeine mit Gewicht belastet werden, wieder nach vorn, weil sie wegen der langen Fesseln das Gewicht nicht tragen können.
Pferde mit empfindlichem Rücken scheuen sich manchmal davor, ihren Rücken aufzuwölben. Hier darf die Hinterhand erst belastet werden, wenn sie gut untergeschoben ist. Bei Pferden mit schwachem Rücken sollte man auch während der Paraden nur leicht einsitzen.

Gelenke werden überbeansprucht, und es kann zu Schäden am Knochen kommen, die sogar Überbeine hervorrufen können. Gerade im Gelände auf glattem oder schlüpfrigem Boden können dem Pferd die Beine vorwärts oder seitlich wegrutschen, wobei es sich leicht Muskeln, Sehnen und Bänder überdehnen kann. In der Folge kann es zu schwer diagnostizierbaren Lahmheiten kommen.
Soll nun das Durchparieren auf der Hinterhand erfolgen, ist es gerade bei noch wenig gymnastizierten Pferden wichtig, dass jedes Hinterbein einzeln in dem Moment gebremst wird, in dem es auffußen will. Das erreicht man, indem der gleichseitige Zügel im Takt der Bewegung angenommen wird. Die andere Hand hält nur so viel passive Anlehnung, dass das Pferd sich nicht entziehen kann.
Benutzt der Reiter beide Zügel gleichzeitig, wird auf jeden Fall ein Bein in der Streckbewegung erwischt. Das ist ungünstig, weil dem Pferd nur die Möglichkeit bleibt, den Reiter zu ignorieren oder seinen Gelenken zu schaden. Natürlich darf das leichte wechselseitige Annehmen des Zügels bei den Paraden nicht in ein Riegeln ausarten, bei dem der Reiter abwechselnd links und rechts am Zügel zieht.

Die Stimme

Die Stimme kann viel zur Verständigung mit dem Pferd beitragen, sie kann beruhigen oder aufmuntern und bei einzelnen Lektionen zum Verständnis beitragen, z. B. durch Kommandos wie »Zurück«, »Ho« usw. Es ist allerdings wichtig, immer dasselbe Wort für dieselbe Aktion zu benutzen. Viele Reiter verwenden z. B. zum Anhalten verschiedene Kommandos, wie »Brrr«, »Steh«, »Ho«, »Halt« oder auch »Stop«, was für das Pferd sehr verwirrend sein kann. Wichtig ist aber vor allem die beruhigende oder aufmunternde Stimmlage. Letztlich kön-

nen Stimmkommandos allein jedoch kein Pferd dazu bringen, sein Gewicht auf die Hinterhand zu verlagern oder sich zu biegen.
Trotzdem kann der Einsatz der Stimme Gold wert sein. Mit ein paar beruhigenden Worten kann man dem Pferd die Angst vor einer unbekannten Situation oder Aufgabe nehmen. Auch ein aufmunterndes Zungenschnalzen ist oft hilfreich. Natürlich kann man einem Ungehorsam auch mit einem strengen »Lass das!« zuvorkommen. Das Schreien allerdings, wie es in manchen Reitbahnen üblich zu sein scheint, sollte man tunlichst unterlassen. Erstens hört das Pferd sehr gut und wird auch auf leise Töne reagieren, und zweitens gilt auch bei der Arbeit mit Pferden: »Wer schreit, hat Unrecht.«

SO LERNT DAS PFERD, DEN REITER ZU TRAGEN

So lernt das Pferd, den Reiter zu tragen

Erst lösen, dann arbeiten: Das Aufwärmen und Lösen des Pferdes dauert im Winter meist länger als in den anderen Jahreszeiten.

Von Natur aus sind die Pferde nicht darauf ausgerichtet, einen Reiter zu tragen. Setzt man sich einfach in den Sattel und reitet los, so nimmt das Pferd auf Dauer Schaden. Frühzeitige Verschleißerscheinungen treten gerade bei Geländepferden nicht selten auf – denn viele Freizeitreiter machen sich nicht die Mühe, ihre Rösser richtig auf das Tragen des Reitergewichts vorzubereiten.

Lösen und Losgelassenheit

Die Losgelassenheit ist die Voraussetzung dafür, dass das Pferd den Reiter schadlos tragen kann. Allzu oft wird die Losgelassenheit mit totaler Entspannung verwechselt. Doch Losgelassenheit heißt eigentlich, dass das Pferd nur die Muskeln anspannt, die es für den momentanen Bewegungsablauf braucht. Beim Lösen werden also Verspannungen abgebaut, sodass die Muskeln und Sehnen optimal arbeiten und die Verletzungsgefahr minimiert wird. Vollkommene Losgelassenheit wird nur von wenigen vierbeinigen Athleten erreicht, doch man sollte immer darauf hinarbeiten, dass sich das Pferd so losgelassen wie möglich bewegt.
Wenn Sie das Training sinnvoll aufbauen, sollte die Bereitschaft zum Loslassen parallel zu den Ausbildungsfortschritten wachsen. Schauen Sie sich einmal eine Dressurprüfung an. Sie werden viele Pferde sehen, die dieselben Lektionen zeigen, aber einige bewegen sich dabei locker und flüssig, während andere nur unwillig und verspannt ans Werk gehen. Der Unterschied liegt in der Losgelassenheit.

Körperliches und mentales Lösen

Ich bin nicht der Meinung, dass man ein Pferd lösen kann, indem man es zehn Minuten passiv am hingegebenen Zügel dahinschlurfen lässt. Reiten Sie aktiv, aufmerksam und offen von der ersten bis zur letzten Minute. Beim Lösen bekommt man Tausende von kleinen Informationen über die Tagesform des Pferdes. Konzentrieren Sie sich während des Lösens darauf, wie es Ihrem Pferd heute geht und wo seine momentanen Schwierigkeiten liegen. So entwickeln Sie ein Gefühl dafür, wie weit das Pferd bereit ist, sich loszulassen.
Losgelassenheit können Sie nur erreichen, indem Sie das Reiten auf die Bedürfnisse des Pferdes abstimmen. Schon beim Losreiten im Schritt sollten Sie die Hinterhand des Pferdes aktivieren. Viele Pferde lösen sich besser im Trab, andere im Galopp. Wichtig ist auch, dass man den Trainingszustand nicht aus dem Blick verliert, denn ein Pferd mit Muskelkater wird sich am nächsten Tag nur noch sehr schwer lösen lassen.
Losgelassenheit kann zwar durch Lösen erreicht werden, aber das Lösen führt nicht zwangsläufig zur Losgelassenheit.
Wenn ein Pferd sich nicht loslässt, kann das viele verschiedene Gründe haben. Stellen Sie sich vor, Sie ma-

chen jeden Morgen Entspannungsgymnastik und sind körperlich fit. Alle Grundvoraussetzungen sprechen also für Losgelassenheit. Dann gehen Sie zur Arbeit, und dort wartet ein Chef auf Sie, der gern mal aufbraust und tobt. Sie beginnen mit der Arbeit, warten aber innerlich nur darauf, dass Ihr Chef Anlass für einen Wutanfall findet. Ihr körperliches Wohlbefinden vom Morgen nützt Ihnen dann nichts mehr, Sie sind angespannt und fühlen sich unwohl. So ergeht es auch vielen Pferden, wenn der Reiter aufsitzt.

Für die Losgelassenheit müssen also nicht nur die körperlichen, sondern auch die seelischen Voraussetzungen stimmen. Der Reiter darf sein Pferd nicht nur Lektionen abspulen lassen, sondern muss die Voraussetzungen dafür schaffen, dass sein Ross sich wohl fühlt und sich loslassen will. Die lösenden Übungen sind nur der erste Schritt dahin. Auch mit perfekten lösenden Lektionen erreicht man keine Losgelassenheit, wenn das Pferd nicht freudig und angstfrei mitarbeitet. Bei einem für das Pferd unberechenbaren Reiter, der vielleicht noch hart in der Hilfengebung

Streck-Übung: Zum Lösen kann man mit langem Zügel im Entlastungssitz traben, sodass das Pferd sich an den Zügel heranstreckt.

ist, wird ein Pferd sich nicht loslassen können.
Pferde, auch Jungpferde, können bereits von sich aus in unterschiedlichem Maß losgelassen sein. Doch selbst an sich losgelassene Jungpferde werden sich verspannen, wenn zum ersten Mal ein Reiter aufsteigt. Je temperamentvoller und empfindsamer ein Pferd ist, desto schwieriger wird die Losgelassenheit zu erreichen sein – und desto entscheidender ist das richtige Lösen. Der erste Umgang mit dem Menschen, an der Hand wie unter dem Sattel, ist für das Ross von grundlegender Bedeutung. Macht das Sensibelchen von Anfang an gute Erfahrungen mit seinem Ausbilder, wird sich die Losgelassenheit schneller einstellen. Zu Beginn der Ausbildung sollte das Training überwiegend aus Lösen bestehen. Später wird diese Phase immer kürzer, wenn man richtig gearbeitet hat.
Ein gut trainiertes Ross nutzt seine Kraft und Energie, um der Hilfengebung des Reiters zu folgen. Ein falsch gearbeitetes Pferd, auch wenn auf den ersten Blick kein Unterschied zu erkennen ist, versucht sich zu entziehen und baut Widerstand gegen den Reiter auf. Das kann seine Ursache entweder in der Rangordnung haben, wenn das Pferd den Reiter nicht als Herdenchef akzeptiert, oder in falscher Hilfengebung bzw. Überforderung. Versuchen Sie deshalb, dem Pferd jede Übung so leicht wie möglich zu machen. So stärken Sie sein Vertrauen in den Reiter und in sein eigenes Können, und es wird bessere Fortschritte machen.
Versucht man dagegen eine Leistung zu erzwingen, wie z. B. Beizäumung oder Gangverstärkung, kann die dafür notwendige Körperspannung leicht zu einer Verspannung werden. Gerade bei jungen Pferden sollte dies auf jeden Fall vermieden werden, denn auf Dauer werden sie das Gerittenwerden mit den Verspannungsschmerzen verbinden. Derartige »Denkfehler« (die aus der Sicht des Pferdes keine Fehler, sondern

Schwierigkeiten beim Lösen

Viele Verspannungen haben ihre Ursache in Exterieurmängeln. Oftmals ist ein problematischer Körperbau auch der Grund für scheinbare Temperamentsausbrüche. Man kann solche Mängel zwar nicht gänzlich »wegreiten«, aber wenn sie die Ursache für hartnäckige Verspannungen sind, kann man das Training speziell darauf abstimmen. Schwierigkeiten beim Lösen treten z. B. bei überbauten oder sehr langen Pferden besonders häufig auf. Solche Rösser sollten Sie zu Beginn des Rittes auf jeden Fall im freien, raumgreifenden Trab reiten. Das erleichtert es ihnen, mit den Hinterbeinen weiter unterzutreten.

logische Reaktionen sind) sind sehr schwer zu korrigieren. Haben sie sich erst einmal festgesetzt, kann man dem Pferd nur mit viel Mühe zeigen, dass es Alternativen zu diesen Negativassoziationen gibt. Solche Pferde sind schwer zu lösen und verspannen sich schon bei kleinen Unstimmigkeiten wieder.
Gerade am Anfang der Ausbildung sollte man deshalb dem Lösen und dem Erreichen der Losgelassenheit eine besonders große Bedeutung beimessen.

Das Vorwärts-Abwärts-Reiten

Warum reitet man vorwärts-abwärts?

Ein junges oder untrainiertes Pferd kann auf zwei Arten auf das Reitergewicht reagieren. Zum einen kann es eine Art Katzenbuckel zeigen und sich im Rücken festmachen. Da es sich dabei steif und unsicher bewegen wird, ist es für den Reiter sehr unbequem zu sitzen. Besonders Pferde mit kurzen Rücken neigen zu dieser Haltung und können sie auch lange durchhalten. Auf Dauer nehmen dabei aber die Beine Schaden. Zum anderen kann das Pferd den Rücken nach unten wegdrücken. Diese Haltung kann zu den so genannten »Kissing spines« führen: Die Dornfortsätze der Wirbel berühren sich, was sehr schmerzhaft ist.
Beim Vorwärts-Abwärts-Reiten wird die Rücken- und Bauchmuskulatur des Pferdes trainiert, und es lernt, diese Muskeln zum Tragen des Reitergewichts einzusetzen.

Anatomische Grundlagen

Die Muskeln und Sehnen im Pferdekörper kann man in ein Beuge- und ein Strecksystem unterteilen. Die Rumpfstrecker haben ihren Ansatzpunkt am Genick, verlaufen dann auf beiden Seiten oberhalb der Wirbelsäule und enden in der Stecksehne der Hinterhand, während die Rumpfbeuger unterhalb der Wirbelsäule verlaufen und ihre Endpunkte am Kopf und am Becken haben. Beide Systeme arbeiten gegenläufig. Das heißt, dass das Beugesystem, das auch für das Untertreten der Hinterbeine verantwortlich ist, nur dann erfolgreich arbeiten kann, wenn das Strecksystem eine entsprechende Dehnfähigkeit erreicht hat.
Beim Vorwärts-Abwärts-Reiten fördern wir die Dehnfähigkeit des Strecksystems und legen so die Grundlage für die Arbeit des Beugesystems. Stellen Sie sich das Strecksystem als ein festes Gummiband vor. Um es zu spannen, brauchen Sie zunächst einen festen Ansatzpunkt, den das gerade auf dem Boden stehende Hinterbein bildet. Beginnt das Pferd, sich nach vorne zu strecken, ziehen die Halsmuskeln das Gummiband in die Länge, und die Rückenmuskulatur streckt sich. Stellt man sich die Hinterhand als eine Art Umlenkrolle vor, wird leicht verständlich, dass die Spannung auf dem Gummiband höher wird, je weiter ein Hinterbein vortritt.

Es ist deshalb ganz wichtig, dass die reiterliche Einwirkung nicht den Takt und das Untertreten der Hinterhand stört. Auf keinen Fall darf der Reiter Zügelhilfen geben, die das Strecken und Dehnen der Halsmuskulatur behindern – etwa, indem er die Beizäumung mit Gewalt oder durch Hilfszügel zu erzwingen versucht. Das Pferd soll sich dehnen – folglich darf sein Kopf nicht an den Rumpf herangezogen werden.
Wird die Rückenmuskulatur nicht ausreichend gedehnt und gekräftigt, kann die Wirbelsäule nach unten gebogen werden, und das Pferd bekommt ein Hohlkreuz. Nehmen Sie sich also viel Zeit, um die Muskeln, Sehnen und Bänder des Strecksystems zu stärken und zu festigen.

Die Rückenmuskeln in der Bewegung

Im Trab arbeiten die Rückenmuskeln wechselseitig. Schwingt ein Hinterbein vor, sind die Rückenmuskeln auf dieser Seite flach und gedehnt. Übernimmt das Hinterbein Gewicht, erreichen sie ihre stärkste Anspannung. Wenn Sie kurz hinter der Sattellage auf den Rücken schauen, dann können Sie das Auf- und Abwölben gut beobachten.
Im Galopp arbeiten die Rückenmuskeln auf beiden Seiten im Gleichklang zusammen. Pferde, die sich im Rücken festmachen, kann man deshalb auch gut lösen, indem man sie immer wieder aus dem Trab angaloppiert. Die Galopparbeit kräftigt einen schlecht bemuskelten Rücken am ehesten.
Der Sattel liegt auf den Rückenmuskeln auf, die dieses Gewicht aber nur tragen können, wenn An- und Abspannung sich ständig abwechseln. Dann kann das Gewicht sogar wie eine Massage wirken. Wechseln sich An- und Abspannung nicht ab, wird auf Dauer die Blutversorgung des Muskels gestört.

Wie reitet man vorwärts-abwärts?

Wie wir schon gesehen haben, gibt es keine Patentrezepte, sondern alles hängt davon ab, in welcher Gangart und welchem Tempo sich das Pferd am besten löst. In dieser Gangart wärmt man das Pferd ein bisschen auf, bis es sich treiben lässt (siehe Seite 42).
Am wichtigsten ist zunächst das Vorwärtsreiten. Dabei soll das Pferd nicht unbedingt seine Geschwindigkeit erhöhen, sondern mit seinen Hinterbeinen möglichst weit unter den Schwerpunkt treten, seinen Hals strecken und allmählich an den Zügel herantreten. Die Geschwindigkeit richtet sich danach, in welchem Tempo sich das Pferd am besten loslässt. Gerät das Pferd aus der Balance, ist das Tempo zu hoch; streckt es sich nicht genügend, kann es helfen, das Tempo zu erhöhen.
Haben Sie ein gutes Tempo gefunden, sollten Sie mit dem Zügel allmählich Kontakt zum Pferdemaul aufnehmen, dabei aber ständig zum Nachgeben bereit sein. Loben Sie Ihr Pferd, sobald es auf dem richtigen Weg ist. Ein erstes Anzeichen ist das Abschnauben, das Sie mit

Kontaktsuche: Beim Vorwärts-Abwärts-Reiten dehnt das Pferd den Hals und sucht den Zügelkontakt.

Lob beantworten sollten. Dann wird sich Ihr Ross weiter entspannen und den Kopf nach unten strecken. Wenn Ihr Pferd sich nicht sehr festhält, wird es fast von allein in diese Haltung kommen. Deshalb erreicht man diese Dehnungshaltung bei jungen Pferden wesentlich leichter als bei älteren Tieren, deren Verspannungen sich schon jahrelang verfestigen konnten. Die Anfänge sind gemacht, wenn das Pferd Hals

Vorsicht: hohe Hand!

Bedenken Sie, dass jede unnachgiebige Zügeleinwirkung, die mit hoher Hand ausgeführt wird, zu einem unerwünschten Absenken der Wirbelsäule führen kann. Versuchen Sie also die Hände eher tief zu halten, gerade bei den Paraden. Eine Ausnahme von dieser Regel muss man bei Pferden mit schwerem Hals und weichem Rücken machen. Sie bekommen leicht Übergewicht nach vorn, wenn man die Zügel ein klein wenig zu tief hält. Hält man die Hände zu hoch, besteht auch hier die Gefahr, dass die Pferde den Rücken wegdrücken und die Hinterhand nicht mehr zum Tragen kommen kann. Hier braucht man viel Einfühlungsvermögen, um herauszufinden, wie man die Hände halten muss, damit auch so schwierige Pferde ihr Gleichgewicht finden können.

und Kopf tief nimmt, auch wenn es dabei anfangs mit den Hinterbeinen kürzer tritt. Eine vermehrte Belastung der Vorderbeine durch die Vorwärts-Abwärts-Dehnung ist anfangs leider nicht zu vermeiden.

Zügel aus der Hand kauen lassen

Mit dem Zügel-aus-der-Hand-kauen-lassen kontrolliert man, ob das Pferd die Vorwärts-Abwärts-Dehnung wirklich erreicht hat. Außerdem wird die Balance verbessert und die Anlehnung verfeinert. Pferd und Reiter werden sensibilisiert.

Zum Zügel-aus-der-Hand-kauen-lassen wird bei treibendem Schenkel der Zügel langsam nachgegeben. Das Pferd sollte nun mit Kopf und Hals dem Zügel folgen und sich langsam strecken. Diese Maßnahme unterscheidet sich vom einfachen Langlassen der Zügel dadurch, dass das

Wann sollte man an der Dehnung arbeiten?

Gerade wenig gerittene oder nicht ausgebildete Pferde sollte man oft in Dehnungshaltung reiten, um daraus später die Versammlung entwickeln zu können. An der Dehnungsbereitschaft sollte man auf jeden Fall arbeiten, wenn das Pferd nicht bereit ist, seinen Hals so weit zu senken, dass sich das Maul auf Höhe des Ellbogengelenks befindet. Ein weiterer Hinweis auf mangelndes Dehnungsvermögen ist es, wenn sich der Nasenrücken hinter der Senkrechten befindet.

Pferd sich den Zügel aktiv nach vorne holt, an den Hilfen bleibt und bis zum Erreichen der vollständigen Halsdehnung weiterhin durchs Genick geht.
Nimmt das Pferd auf halber Strecke den Kopf wieder hoch, ist dies kein Beinbruch. Gerade im Gelände gibt es für das Pferd viele Gründe, den Kopf hoch zu nehmen und sich umzuschauen. Versuchen Sie auf keinen Fall, die Dehnungshaltung zu erzwingen oder das Pferd mit der Hand »herunterzuspielen«. Bemühen Sie sich stattdessen weiter, es durch einfühlsame treibende Hilfen zur Dehnung zu veranlassen.
Das Reiten in Dehnungshaltung gehört auf jeden Fall an den Anfang und an das Ende jeden Rittes.

Schwierigkeiten beim Reiten in Dehnungshaltung

Manchmal kann es notwendig sein, dem Pferd in der Anlehnung eine kleine Zügelstütze zu geben, damit der Schub aus der Hinterhand nicht über die Vorhand hinwegrollt. Das darf natürlich nicht dazu führen, dass sich das Pferd aufs Gebiss stützt. Durch die Begrenzung soll es nur in die Lage versetzt werden, sein Gleichgewicht selbst wieder herzustellen.
Schwierigkeiten mit der Balance sind oft darauf zurückzuführen, dass viele Pferde mit zu starker Anlehnung geritten werden. Gibt man mit dem Zügel nach, fallen sie regelrecht nach vorn. Solche Pferde muss man ganz allmählich wieder daran gewöhnen, am langen oder hingegebenen Zügel ihr Gleichgewicht zu finden.
Manchmal strecken sich die Pferde ausschließlich abwärts und nicht vorwärts-abwärts, wodurch die Vorwärtsbewegung behindert wird und die Pferde ins Stolpern geraten können. In solchen Fällen richtet man

Wenn das Pferd unter dem Reiter davonläuft ...

Viele Reiter scheitern bei dem Versuch, ihr Pferd vorwärts-abwärts zu reiten, daran, dass das Ross unter ihnen davonzulaufen scheint. Der Grund hierfür sind meist Rückenschmerzen oder ein Reiter, der sein Gewicht zu weit nach vorn verlagert hat. Im letzteren Fall können Sie selbst Abhilfe schaffen, indem Sie Ihren Sitz korrigieren.
Versuchen Sie, im langsamen Trab den Moment zu finden, in dem das Pferd bereit ist, dem nachgebenden Zügel zu folgen, ohne vorwärts zu stürmen. Die Pferde merken meist sehr schnell, dass sie in dieser Haltung besser mit dem Reitergewicht fertig werden. Sie werden lockerer, hören auf zu rennen, treten an den Zügel heran und lassen sich endlich mit dem Schenkel treiben. Ein solches Pferd darf seinen Hals zeitweise ein bisschen tiefer als üblich einstellen, wenn es dabei nicht aus der Balance gerät.

das Pferd mit leichten Zügelimpulsen ein wenig auf und reitet wieder vorwärts.
Das Reiten in der Vorwärts-Abwärts-Haltung ist sehr wichtig, um die Tragfähigkeit der Rückenmuskulatur zu verbessern. Daher sollte man diese Haltung bei jedem Geländepferd fördern, um es lange gesund zu erhalten.

Geradeausreiten im Gleichgewicht

Wofür braucht man die Balance?

Bisher war schon viel die Rede vom Gleichgewicht und von der Balance. Aber wofür brauchen wir eigentlich ein gut entwickeltes Gleichgewichtsgefühl?
Ganz einfach: Wir brauchen die Balance, um unserem Ziel, der sensiblen Verständigung mit dem Pferd, näher zu kommen. Ohne Gleichgewicht wird ein Pferd niemals auf Gewichtshilfen reagieren können, weil es nicht gelernt hat, sich und den Reiter auszubalancieren. Natürlich ist diese Fähigkeit bei Pferden, ähnlich wie bei Menschen, sehr unterschiedlich ausgeprägt. Es gibt Rösser, die auch unter dem Reiter sehr schnell ihre Balance finden, während andere trotz jahrelanger Schulung ständig Gleichgewichtsprobleme haben.
Die Balance ist keine absolute Größe; sie kann stufenlos gesteigert werden und findet ihren reiterlichen Höhepunkt z. B. in den Lektionen der hohen Schule. Dafür braucht das Pferd allerdings eine besondere natürliche Veranlagung. Doch jedes Pferd kann und sollte ein Mindestmaß an Gleichgewicht unter dem Reiter erreichen. Wie weit und wie schnell ein Pferd die Balance entwickeln wird, hängt in großen Maße von seinem Exterieur ab. Bevor man also anfängt, die Balance des Vierbeiners verbessern zu wollen, sollte man sich die Stellung und Bewegung der Hinterhand genau ansehen, um sicher zu gehen, dass man das Tier nicht überfordert (siehe Seite 133). Lassen Sie sich aber nicht entmutigen – an der Verbesserung der Balance feilen Reiter und Pferd ihr ganzes Leben.

Das Gleichgewicht des Reiters

Bevor man an der Balance seines Pferdes arbeitet, sollte man überprüfen, ob man selbst wirklich im Gleichgewicht sitzt. Es wäre schließlich ziemlich unfair, von dem Pferd etwas zu verlangen, wozu man selbst nicht in der Lage ist. Für die Entwicklung der Balance braucht auch der Reiter viel Übung. Anzeichen für ein mangelndes reiterliches Gleichgewicht sind ein schiefer Sitz, das Festklemmen mit den Oberschenkeln, ein schwankender Oberkörper, unruhige Hände oder eine zu starke Abhängigkeit von den Steigbügeln. Hat man jedoch erst einmal erkannt, dass mit der Balance etwas nicht stimmt, ist man auf dem besten Weg, den Fehler zu beheben. Man sollte dann verstärkt an seinem Sitz feilen – am besten unter Anleitung eines erfahrenen Reiters.

Balanceakt: Um wirklich geradeaus reiten zu können, müssen Pferd und Reiter ein gutes Gleichgewichtsgefühl entwickeln.

Die Entwicklung der Balance

Wie weit Sie selbst ausbalanciert sind, können Sie im Selbstexperiment herausfinden, wenn Sie versuchen, über einen Schwebebalken oder Ähnliches zu laufen. Dort balancieren Sie sich aus, indem Sie die Arme ausbreiten und als Balancierstangen benutzen. Eine weit bessere Variante kann man jedoch bei Seilartisten beobachten. Sie gehen in die Knie und senken somit ihren Schwerpunkt ab, wobei sie die Körperlast immer auf das gebogene Bein legen.

Das Pferd kann zwar nicht die Arme ausbreiten, aber es hat andere Möglichkeiten, seine Standfestigkeit zu verbessern. Zunächst wird es versuchen, das Gewicht des Reiters auszubalancieren, indem es vor allem mit der Hinterhand breitbeiniger geht, um so seine Standfläche zu vergrößern. Dadurch gerät es aber leicht ins Schwanken, wenn es das Gewicht von einem Bein auf das andere verlagert. Verhindern wir als Reiter dieses Schwanken, bleibt dem Pferd noch die Möglichkeit, mit der Hinterhand seitlich auszufallen. Es läuft dann mit den Hinterbeinen neben der Spur der Vorderbeine. Dadurch wird zwar die Standfestigkeit erhöht, aber die Wendigkeit vermindert. Fast noch häufiger passiert es, dass das Pferd nur ein Hinterbein neben die Spur setzt. Dieses »Ausfallen mit einem Hinterbein« zu erfühlen, ist ziemlich schwierig und erfordert viel Übung.

Verbessert sich die Balance, werden die Hufe enger beieinander fußen, und die Hinterhand wird nicht mehr ausfallen. Ohne diese so genannte »Schmalspur« sind Wendigkeit und Rittigkeit nicht möglich. Die seitliche Balance ist allerdings nur der Anfang. Wesentlich schwieriger ist das Ausbalancieren in der Bewegung, der wir uns nun zuwenden.

Auf dem Weg zur Versammlung

Wie bereits erläutert, müssen die Muskeln, Sehnen und Bänder der Hinterhand entsprechend trainiert

Balanceprobleme

Vor allem junge Pferde haben oft Balanceschwierigkeiten und ein Übergewicht nach vorn. Deshalb neigen sie besonders am Anfang der Ausbildung häufig dazu, zu schnell zu werden. Begrenzen Sie sie nicht zu stark, sondern lassen Sie sie ihr passendes Tempo selbst finden. Je mehr sie sich an das Reitergewicht gewöhnen und ins Gleichgewicht finden, umso ruhiger werden sie. Bei solchen Pferden sollten Sie mit dem Galopp warten, bis sie im Trab nicht mehr eilen – sonst können Sie Ihr junges Pferd leicht zum Ungehorsam oder gar Durchgehen verleiten. Die Reiterhand sollte dem Pferd beim Ausbalancieren helfen, es jedoch nicht in eine Haltung zwingen oder dem Pferd als Stütze dienen.

werden, damit das Pferd problemlos mit dem Reitergewicht fertig werden kann. Rückenprobleme können vermieden bzw. gelöst werden, wenn das Pferd lernt, das Gewicht richtig zu tragen. Wie ein Mensch, der seinen Rücken stark beansprucht, sollte auch das Pferd in eine Art »Rückenschule« gehen, also gymnastiziert werden. Nach dem Lösen, dem Training in der Dehnungshaltung und der Entwicklung der Balance können wir nun die Tragkraft der Hinterhand weiter fördern und unser Pferd zunehmend versammeln.

Natürlich muss sich ein Geländepferd nicht ständig in perfekter Dressurhaltung bewegen. Doch eben weil die Versammlung so eng mit der Tragkraft des Pferdes zusammenhängt, sollten auch Sie als Freizeitreiter darauf hinarbeiten, dass Ihr Ross seinen Schwerpunkt auf die Hinterhand verlagert.

Versammeln – aber wie?

Während beim Vorwärts-Abwärts-Reiten hauptsächlich Schubkraft gefragt ist, wird für die Versammlung die Tragkraft der Hinterbeine gebraucht. Die meisten Pferde sind durchaus in der Lage, Gewicht mit der Hinterhand aufzunehmen. Natürliche Versammlung kann man bei Pferden in Notsituationen oder beim Spiel auf der Weide beobachten, z. B. wenn die Pferde auf der Hinterhand wenden.

Unter dem Sattel muss der Reiter das Pferd langsam an die Versammlung heranführen. Am einfachsten geschieht dies durch Tempowechsel. Dazu bietet sich folgende Übung an: Aktivieren Sie zunächst die Hinterbeine durch einen schwungvollen Trab, und nehmen Sie dann das Tempo mit gefühlvollen halben Paraden zurück. Dabei lassen Sie die Zügel anstehen und treiben das Pferd mit den Unterschenkeln und Ihrem Sitz an das Gebiss heran. Es ist wichtig, das Treiben nicht zu vergessen, damit die Hinterbeine auch weiterhin energisch vortreten. Das Pferd wird nun weniger raumgreifende Tritte machen und seinen Rücken vermehrt aufwölben. Nach einigen Tritten in dieser Haltung sollten Sie wieder kräftig vorwärts reiten und Ihrem Pferd eine vermehrte Dehnung gestatten.

Auch durch Lektionen wie Seitengänge (siehe Seite 113) und Rückwärtsrichten (siehe Seite 99) können Sie die Hinterbeine des Pferdes verstärkt unter den Schwerpunkt bringen und so die Versammlung fördern. Bei der Versammlungsarbeit ist es wichtig, ein Idealbild vor Augen zu haben, gleichzeitig aber die körperlichen Möglichkeiten des Pferdes zu kennen und seine Grenzen zu respektieren.

Die Hankenbiegung

Soll das Pferd mit der Hinterhand weit untertreten und seinen Schwerpunkt nach hinten verlagern, so muss es die Gelenke der Hinterhand vermehrt beugen. Durch diese so genannte Hankenbiegung kann das Pferd Stöße besser abfangen und Gewicht besser tragen. Die Beugung sollte dabei schon in der Hüfte beginnen, damit die schwächeren Gelenke unterhalb des Hüftgelenks geschont werden. Sind alle Gelenke

Extreme Hankenbiegung: Bei den Lektionen der hohen Schule werden die Hinterhandgelenke sehr stark gebeugt.

Wenn die Hankenbiegung fehlt

Wird die Hankenbiegung vernachlässigt, so ist das Pferd insgesamt weniger rittig. Ein solches Pferd kommt bei Wendungen oder Paraden häufig aus dem Gleichgewicht. Dies versucht es zu kompensieren, indem es sich auf das Gebiss legt, sich im Genick festmacht oder den Hals durchdrückt. Der Reiter wird dadurch oft dazu verleitet, die Ursache im Hals-Kopf-Bereich zu suchen und vermehrt mit dem Zügel zu arbeiten. Lassen Sie sich nicht in die Irre führen, sondern reiten Sie weiter Übergänge, Seitengänge und Rückwärtsrichten, um die Hankenbiegung zu verbessern! Achten Sie dabei besonders auf den prompten Schenkelgehorsam Ihres Pferdes.

an der Biegung beteiligt, sind die Hinterbeine wie ein elastischer Bogen gespannt. Wird ein Gelenk nicht gebeugt, gleitet der Stoß des auf dem Boden auftreffenden Beins darüber hinweg und trifft dann umso stärker auf das folgende Gelenk. Da die meisten Pferde sich in den Sprunggelenken leichter biegen als in den Hüftgelenken, muss man der Beugung der oberen Gelenke mehr Aufmerksamkeit schenken.
Vor allem Pferde mit kurzem, festem Rücken biegen sich besonders ungern im Hüft- und Kniegelenk und versuchen dies durch eine verstärkte Biegung der unteren Gelenke zu kompensieren.

Überlastung der Hinterhand

Pferde mit schwacher Hinterhand können die Vorhand naturgemäß nicht ausreichend entlasten. Sie dürfen daher nur sehr langsam an die Versammlung herangeführt werden. Aber auch bei eher problemlosen Pferden darf die Belastung der Hinterhand nur allmählich gesteigert werden. Fordert der Reiter die Hankenbiegung zu lange, wird die Anstrengung sich schmerzhaft in den Muskeln bemerkbar machen. Folglich wird das Pferd gegen die Hankenbiegung ankämpfen, um sich dem Schmerz zu entziehen. Dabei wird es auch anfangen, sich den Hilfen des Reiters zu entziehen.

Losgelassenheit und Versammlung

Manche Rösser scheinen anfangs keine Vorwärts-Abwärts-Dehnung zu benötigen. Sie wölben den Hals von Anfang an auf wie ein fortgeschrittenes Dressurpferd.
Bei einem solchen Pferd besteht jedoch die Gefahr, dass es sich hinter dem Zügel verkriecht und sich so auch den Schenkelhilfen entzieht. Es kann nicht an den Zügel herangetrieben werden. Ein solches Pferd kann weder solide kontrolliert noch gebogen oder

gymnastiziert werden. So kommt es, dass manche Pferde, die auf den ersten Blick in schöner Haltung laufen, in Wirklichkeit ziemlich steif sind. Bevor man auf die Versammlung hinarbeitet, sollte man das Pferd immer in Dehnungshaltung geritten haben. Erst bei fortgeschrittener Ausbildung wird das Pferd lernen, sich auch in der Versammlungshaltung loszulassen. Aber auch dann muss der Reiter die Losgelassenheit anhand der Dehnungsbereitschaft überprüfen; lässt sie nach, ist dies ein ernst zu nehmendes Alarmzeichen.

An den Hilfen stehen

Oftmals wird das »an die Hilfen stellen« auf »an den Zügel stellen« minimiert. Dies ist aber nicht richtig, da der prompte Gehorsam auf das Zusammenspiel aller Hilfen entscheidend für das Fortschreiten der Rittigkeit und der Ausbildung ist.

Kann der Reiter die Hinterbeine aktivieren und fängt der Rücken des Pferdes an, elastisch zu schwingen, dann wird sich das Ross auch in Hals und Genick loslassen und sich sanft an die Reiterhand anlehnen. Ist ein Pferd wirklich locker und durchlässig, kann man die Bewegungen der Hinterbeine in der Hand spüren. Die wohl größte Schwierigkeit auf diesem Weg ist die elastische, feine Zügelanlehnung.

Viele Reiter versuchen die Anlehnung zu verbessern, indem sie die Zügel einfach immer kürzer nehmen. Ohne Verstärkung der Hinterhandaktivität fängt das Pferd dann an, sich auf dem Zügel abzustützen und ihn zum Ausbalancieren zu benutzen. Als Gegenmaßnahme spielen manche Reiter mal mit der einen, mal mit der anderen Hand, nehmen an, geben nach, nehmen wieder an usw. Dadurch verringert sich wenigstens der Druck auf die jeweils einwirkende Hand, und wenn man oft genug die Hand wechselt, kann man sogar ohne Sehnenscheidenentzündung davonkommen.

Manchmal gibt das Pferd dann plötzlich im Genick nach, und das Gewicht in der Hand wird weniger. Doch wenn der Reiter sich jetzt freut, dass er das überall gepriesene »Leichtwerden in der Hand« erreicht hat, ist er oft in eine Falle getappt. Tatsächlich hat das Pferd vermutlich nur den Hals aufgerollt und sich der Zügeleinwirkung so entzogen.

Die Beizäumung

Einfach ausgedrückt ist die Beizäumung eine vermehrte Biegung von Hals und Genick. Diese Haltung ergibt sich von selbst, wenn man das Pferd geduldig und korrekt ausbildet, indem man es richtig von hinten nach vorn arbeitet. Manche Reiter möchten den Ausbildungsweg allerdings ein wenig verkürzen und versuchen die Beizäumung durch mehr oder weniger geschickte Zügeleinwirkungen herbeizuführen.

Anfangs wehren sich viele Pferde dagegen, besonders in den schnelleren Gangarten. Daher sieht man diese Reiter oft anhalten und ihre Pferde im Schritt oder im Stand mit wechselseitigem Zügelziehen herunterriegeln. Dass ein Reiter immer wieder aus den schnelleren Gangarten durchparieren muss, um sein

Pferd wieder »an den Zügel« zu stellen, ist ein Zeichen für eine falsche Grundausbildung. Ein korrekt ausgebildetes Pferd löst sich im Trab und Galopp und ist in diesen Gangarten auch locker im Genick. Im Schritt ist der Takt aufgrund des geringeren Schwungs wesentlich schwieriger zu erhalten. Deshalb verursacht das Herunterriegeln im Schritt übrigens sehr leicht Taktunreinheiten.
Die erzwungene Beizäumung wird von vielen Reitern mit der Versammlung verwechselt. Doch wenn man versucht, die Versammlung über die Hand zu erreichen, werden der Takt und die Schubkraft des Pferdes gestört. Die Hinterhand tritt nicht mehr unter den Schwerpunkt und kann daher nicht genug Gewicht aufnehmen.

Wie erreicht man die Beizäumung?

Grundvoraussetzung für die Beizäumung ist eine lockere Halsmuskulatur, die man am leichtesten durch Vorwärts-Abwärts-Reiten erreicht. Sind die Hals- und Genickmuskeln locker, versucht man die Hinterhand durch treibende Schenkel- und Gewichtshilfen immer stärker zum Untertreten zu animieren, sodass die Rückenlinie und damit auch das Nackenband vermehrt gedehnt werden. Hat die Dehnung einen gewissen Grad erreicht, wird das Pferd selbst versuchen, die Spannung zu verringern, indem es sich im Genick aufrichtet. Treibt der Reiter jetzt fleißig und im Takt weiter, so wölbt das Pferd den Rücken auf, biegt die Hanken und verlagert seinen Schwerpunkt nach hinten: Das Pferd versammelt sich. Tritt das Treiben jedoch in den Hintergrund und die aktive Zügeleinwirkung in den Vordergrund, so richtet sich das Pferd zwar im Genick auf, aber die Rücken- und Beintätigkeit lässt nach.

Das Zusammenspiel von Hand und treibenden Hilfen

Im Idealfall ergibt sich die Beizäumung aus der Aktivierung der Hinterhand. Das Pferd löst sich selbst, wenn es fleißig bei leichter Anlehnung vorwärts geritten wird. Man sollte dabei keine Normhaltung anstreben, sondern immer wieder versuchen, das Pferd im Rahmen seiner Möglichkeiten an die Versammlung heranzuführen. Anfangs sollten die versammelten Phasen nur sehr kurz sein und sich mit längeren Dehnungsphasen abwechseln. Später kann man sie langsam steigern und auch eine vermehrte Beizäumung fordern, um anschließend wieder in Dehnungshaltung zu reiten.
Versucht ein Pferd sich der Versammlung trotz sorgfältiger Vorbereitung zu entziehen, dann (und nur dann!) kommt die aushaltende Hand zum Einsatz, die kurzfristig bei weiter treibenden Schenkel- und Gewichtshilfen nicht nachgibt. Dies soll dem Pferd helfen, sich am Gebiss abzustoßen und im Genick loszulassen. Die Hand darf aber wirklich nur passiv gegenhalten und auf keinen Fall ziehen! Die aushaltende Hand kann nur zum Ziel führen, wenn die treibenden Hilfen weiterhin dafür sorgen, dass das Pferd die Hinterhand gut untersetzt.

Dabei sollte man immer ans Nachgeben denken. Jedes Nachgeben des Pferdes muss natürlich sofort mit einem Nachgeben der Hand belohnt werden. Man braucht schon einige Erfahrung, um zu wissen, wann man die Hand auch mal entschlossen stehen lassen muss und wann man wieder nachgeben darf. Pferdegerecht und gefühlvoll zu reiten heißt also nicht, dass man das Pferd in manchen Situationen nicht auch mal gegen eine aushaltende Hand treiben muss. Ist der Reiter nicht zum Aushalten bereit, gibt es für das Pferd weder Grund noch Möglichkeit, dem Widerstand im Genick nachzugeben und dadurch auch den Rücken aufzuwölben.

Trotzdem darf man nicht der Versuchung erliegen, das Pferd mit der aushaltenden Hand in die Beizäumung zu zwingen! Gerade bei schwierigen Pferden braucht man bei der Vorbereitung zur Versammlung viel Geduld und muss wissen, dass man das nahe Ziel sehr leicht verfehlt, wenn man zu ehrgeizig vorgeht.

Probleme bei der Beizäumung

Anatomische Schwierigkeiten

Schauen wir uns die Anatomie des Pferdes einmal genauer an. Das

Die Beizäumung muss gut vorbereitet werden.

Genick besteht aus der Verbindung zwischen dem Hinterhauptbein und dem ersten Halswirbel, dem so genannten Atlas. Je nachdem, wie weit dieses Gelenk gebeugt ist, nähert sich die Stirnlinie der Senkrechten. Für seitliche oder drehende Bewegungen ist dagegen das Gelenk zwischen erstem und zweitem Halswirbel verantwortlich. Die anderen Halswirbel haben diese Dreh- und Beugemöglichkeit nicht.

Der erste Halswirbel verursacht besonders bei der Beizäumung Probleme, wenn er seitlich sehr stark ausgeprägt ist. Hat das Pferd außerdem noch starke Ganaschen, bleibt für Luftröhre und Ohrspeicheldrüsen nur wenig Platz. Oft sind hier zusätzlich auch noch Fettpolster im Weg. Eine gewaltsame Beizäumung kann in solch einem Fall Atemnot und schmerzhafte Quetschungen zur Folge haben. Werden die Ohrspeicheldrüsen immer wieder eingezwängt, können sie sich auch entzünden und dem Pferd sogar das Fressen verleiden. Logischerweise provozieren solche Schmerzen einen beträchtlichen Widerstand gegen die Beizäumung. Wird das Pferd nicht reell auf die Beizäumung vorbereitet, sondern mit harter Hand in sie hineingezwungen, muss der Reiter sich nicht wundern, wenn er bei der weiteren Ausbildung immer wieder auf Schwierigkeiten stößt, die durch diesen Schmerz ausgelöst werden.

Ein weiterer Problembereich sind die Muskeln, Sehnen und Bänder rund um das Genick. Sie sind auf die natürliche Kopfhaltung des Pferdes eingestellt und müssen sorgsam durch Vorwärts-Abwärts-Reiten gedehnt werden, bevor sie die erhöhte Spannung in der Beizäumung aushalten können. Ist das Pferd gut vorbereitet, knickt es in der Beizäumung nicht zwischen dem zweiten und dritten Halswirbel ab, sondern tatsächlich im Genick, sodass das Genick den höchsten Punkt bildet.

Bei manchen Pferden muss man sich aufgrund ihres Körperbaus mit einer geringeren Beizäumung zufrieden geben und sich daran freuen, wenn sie gut an den Hilfen stehen und aktiv in der Hinterhand mitarbeiten.

Muskelverspannungen

Gerade junge oder besonders temperamentvolle, sensible Pferde sind sehr anfällig für Muskelverspannungen in Hals und Genick. Der Grund hierfür dürfte wohl in der natürlichen Fluchtreaktion des Pferdes liegen. Ist es in irgendeiner Form beunruhigt, nimmt es den Kopf hoch, um eine bessere Rundumsicht zu bekommen. Hält diese Alarmbereitschaft eine Weile an, verspannen sich die Muskeln. Starre Hilfszügel oder auch harte Hände verschlimmern das Problem, weil sie die Entspannung des Pferdes behindern. Folglich knickt das Pferd im Hals falsch ab, um sich zu entziehen. Weitere Widerstandsmöglichkeiten sind das Kürzertreten der Hinterhand oder das Aufsperren des Mauls. Ein Sperrhalfter unterbindet dies zwar, bekämpft aber letztlich nur die Symptome, nicht die Ursachen. Muskelverspannungen und Maulprobleme können auf diese Weise noch verstärkt werden. Wer ein Pferd mit einem lockeren Genick haben möchte, muss die Losgelassenheit fördern.

Das Verwerfen

Beim so genannten »Verwerfen« knickt das Pferd zwischen dem ersten und dem zweiten Halswirbel seitlich ab. Das ist für den Reiter leicht zu erkennen, weil es den Kopf leicht schief hält und sich die Ohrenspitzen nicht mehr auf gleicher Höhe befinden. Auch das Verwerfen ist ein Zeichen von mangelnder Losgelassenheit. Die Ursache kann z. B. eine gequetschte Ohrspeicheldrüse oder ein störendes Sperrhalfter sein.

Sollte das Ross sich aber nur vor der korrekten Beizäumung drücken wollen, reitet man am besten erst einmal wieder energisch vorwärts, bis es an beide Zügel herantritt. Hat man keinen Erfolg damit, sollte man wieder einen Schritt zurückgehen und die Basisarbeit verbessern. Erst wenn alle treibenden und verhaltenden Hilfen ohne Blockade von der Hinterhand durch den Hals-Kopf-Bereich hindurchfließen, geht das Pferd durchs Genick.

BASISARBEIT IM GELÄNDE

Basisarbeit im Gelände

Spaß am Reiten: Ein einfacher Gymnastizierungsritt sollte Pferd und Reiter Freude bereiten.

Der Aufbau eines Geländeritts

Es ist nicht immer einfach, das Trainingsprogramm abwechslungsreich zu gestalten – besonders, wenn das Pferd erst am Anfang der Ausbildung steht. Schon bald kennt es alle Wege in Stallnähe. Gerade zu Beginn des Trainings unter dem Sattel ist es sinnvoll, mit dem Pferd weiterhin auch vom Boden aus zu arbeiten und diese Übungen ständig zu verfeinern. So kann man allmählich ein Gefühl dafür entwickeln, welcher Ausbildungsschritt für das Pferd als Nächstes sinnvoll ist, und bekommt ein vielseitiges, aufgewecktes Pferd, dessen Kondition sich langsam verbessert.

Die Aufwärm- und Lösungsphase

Jedes Pferd sollte sorgsam aufgewärmt werden. Das gilt auch für Offenstallpferde. Naturgemäß wird dies an kälteren Tagen länger dauern als bei 30 Grad im Schatten. Grundsätzlich sollte man immer mindestens zehn Minuten Schrittreiten am langen Zügel einkalkulieren, um Gelenke, Bänder und Muskeln auf die Arbeit vorzubereiten. Die Schrittphase kann man auch für sich selbst nutzen, um nach einem Arbeitstag abzuschalten und sich auf das Pferd und das Reiten zu konzentrieren. In diesem Abschnitt sollte man noch nicht versuchen, das Ross zu biegen – sonst provoziert man Widerstände, die im gut aufgewärmten Zustand nicht auftreten. Besonders ältere Tiere sind da sehr empfindlich.
Nach der Schrittphase geht man in den Trab oder Galopp über – je nachdem, in welcher Gangart sich das Pferd am besten löst – und versucht, am langen Zügel Schwung und Rückentätigkeit zu fördern. Viele Pferde lösen sich im flotten Trab besonders gut, andere entspannen sich besser im Galopp. Beide Gangarten sollten in der Lösungsphase nicht ausgesessen werden. Stattdessen trabt man leicht bzw. galoppiert im leichten Sitz.
Dass das Pferd gelöst ist, erkennt man z.B. daran, dass es Kopf und Hals vorwärts-abwärts dehnt, dass sein Rücken frei schwingt und dass es den Schweif locker trägt. Erst nach dem Lösen kann man mit den biegenden Übungen beginnen und je nach Ausbildungsstand z. B. Zirkel, Schlangenlinien, Achten, Volten und Seitengänge reiten.
Ein Pferd zu lösen, indem man es müde macht, halte ich für sinnlos. Sicher wird es weniger angespannt sein, wenn es müde ist – aber es wird im Ermüdungszustand nicht mehr bereit und in der Lage sein, gut mitzuarbeiten.

Die Lern- und Arbeitsphase

Gerade für Sie als Geländereiter ist es nebensächlich, wie viel Zeit Sie und Ihr Pferd brauchen, um einen bestimmten Ausbildungsstand zu erreichen oder bestimmte Lektionen zu beherrschen. Viel wichtiger ist, dass Sie beide Ihre Ziele gesund und zufrieden erreichen.

Die Arbeitsphase sollten Sie mit leichten Lektionen einleiten, die Ihr Pferd schon sicher beherrscht und die seine Konzentration fordern. So können Sie z. B. Übergänge reiten und versuchen, seine Aufmerksamkeit mit möglichst feinem Durchparieren zu wecken. Sehr schnell bemerken Sie, wie Ihr Pferd heute gelaunt ist: Ist es aufmerksam oder eher abgelenkt? Reagiert es locker oder eher verspannt?
Ist das Pferd heute in aufmerksamer und lockerer Verfassung, so können Sie sich je nach Ausbildungsstand Schritt für Schritt an eine neue Lektion herantasten oder Lektionen üben, die das Pferd noch nicht ganz sicher ausführt. Wenn Ihr Pferd das Rückwärtsrichten schon beherrscht, dann können Sie seine Aufmerksamkeit z. B. durch die »Schaukel« steigern: Lassen Sie es auf einem ebenen Feldweg abwechselnd ein paar Schritte zurück- und wieder vortreten. Mit fortgeschrittenen Pferden kann man auch direkt aus der »Schaukel« heraus angaloppieren.
Eine neue Übung sollte immer auf einer schon bekannten Lektion aufbauen. Soll Ihr Ross also das »Schaukeln« mit anschließendem Angaloppieren lernen, muss es nicht nur das Durchparieren und Rückwärtsgehen einzeln beherrschen, sondern es muss sich auch bewusst Schritt für Schritt bewegen können und darf nicht »hudeln«. Bevor man aus dem Schritt oder Stand flüssig und prompt angaloppieren kann, muss natürlich das Verständnis der Galopphilfe sitzen.

Auf einem gut übersehbaren, kurvigen Weg können Sie auch das Rückwärtsrichten um eine Kurve herum versuchen. Beherrscht das Pferd das Schulterherein schon, so können Sie diese Lektion beispielsweise an einem Zaun entlang reiten. Lassen Sie Ihrer Kreativität freien Lauf!
Wie lang die Arbeitsphase sein darf, hängt von der körperlichen und geistigen Kondition Ihres Pferdes ab. Je untrainierter es ist, desto kürzer sollten die Arbeitsphasen sein und umso vorsichtiger mussen Sie den Schwierigkeitsgrad steigern. Berücksichtigen Sie bitte, dass es für das Pferd wesentlich anstrengender ist, im Gelände gymnastizierende Lektionen auszuführen, als einfach nur am langen Zügel durch den Wald zu schlurfen!
Beenden Sie die Arbeitsphase auf jeden Fall mit einer Übung, die Ihr Pferd gut beherrscht, damit es das Training mit einem Erfolgserlebnis abschließt.

Die Abwärm- und Entspannungsphase

Je nach Wetterlage sollten Sie zehn Minuten bis eine halbe Stunde vor Ende des Rittes alle schweißtreibenden Übungen einstellen. So kann der Schweiß trocknen, Puls und Atem können sich wieder beruhigen, und die Muskeln kühlen sich langsam ab. Besonders die letzten fünf Minuten vor Erreichen des Stalls sollten Sie am möglichst langen Zügel reiten, damit Ihr Pferd sich noch einmal entspannt strecken kann.

Was darf's denn sein?

Schulen Sie Ihre Beobachtungsgabe: Ist Ihr Pferd nach einem ruhigen Kanter, also einem langsamen Galopp, locker und aufmerksam, oder muss es sich erst einmal strecken und braucht deshalb einen starken Trab oder Galopp? Entspannt und lockert es sich im langsamen Trab, oder versucht es immer wieder anzugaloppieren? Dann sollten Sie erst einmal auf beiden Händen galoppieren, bevor Sie versuchen, wieder an den Trab heranzugehen. Allerdings darf das nicht dazu führen, dass das Pferd sich immer wieder in den Galopp entzieht.

Die Gangarten

Welche Gangart wann?

Bei der Wahl der Gangart muss man im Gelände natürlich den Untergrund berücksichtigen. Einen steilen Hang wird man beispielsweise immer Schritt für Schritt hinunterklettern, während man auf weichem, federndem Boden gut traben oder galoppieren kann.

Möchte man sein Pferd im Gelände gymnastizieren, muss man beurteilen können, wann man seinen Vierbeiner wie lange und in welcher Form traben oder galoppieren lassen kann. Die Einteilung jedes Rittes sollte auf Exterieur, Temperament und Kondition des Pferdes abgestimmt sein. Weiß ich z. B., dass mein Pferd sich durch einen forschen Galopp gut löst, versuche ich, eine entsprechende Strecke an den Anfang unseres Rittes zu legen.

Der Schritt

Im Gelände reitet man in der Regel überwiegend im Schritt.

Im Schritt hebt das Pferd einen Huf nach dem anderen vom Boden,

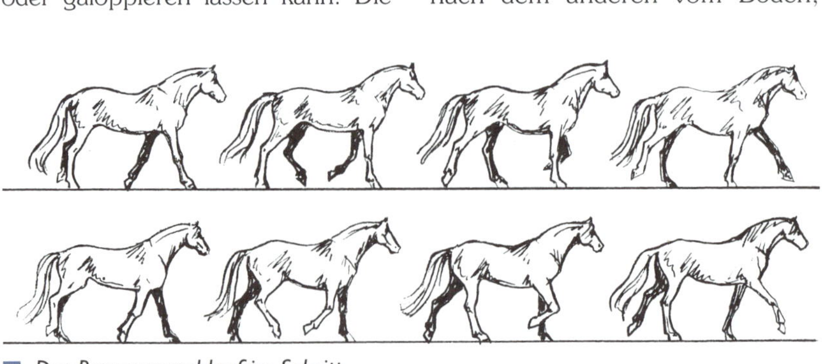

Der Bewegungsablauf im Schritt

sodass sich ein Viertakt ergibt. Anders als im Trab oder Galopp gibt es im Schritt keine Schwebephase. Das Pferd steht also zu jeder Zeit mit jeweils zwei bzw. drei Hufen auf dem Boden.

Um gezielt auf Ihr Pferd einwirken zu können, müssen Sie lernen, richtig in der Bewegung mitzugehen. Dann spüren Sie auch, wo sich welches Bein des Pferdes gerade befindet. Schauen Sie sich einmal ein ungesatteltes Pferd im Schritt an. Wenn das rechte Hinterbein nach vorn schwingt, senkt sich die rechte Hüfte und umgekehrt. Das kann man auch vom Sattel aus erfühlen. Achten Sie darauf, wie das Pferd Ihre Gesäßhälften anhebt und absenkt. Konzentrieren Sie sich z. B. auf das rechte Hinterbein, und versuchen Sie zu erfühlen, wann es nach vorn schwingt, wann es auffußt, wann es Gewicht übernimmt und dabei die

Aktiv reiten: Auch im Schritt sollten Sie Ihr Pferd zum fleißigen und taktmäßigen Vorwärtsgehen auffordern.

rechte Hüfte anhebt. Mit ein wenig Übung und Konzentration werden Sie bald herausfinden, wann Ihr Pferd welches Hinterbein wie bewegt. Um ein Gefühl dafür zu bekommen, können Sie auch auf einer asphaltierten Straße ihr Gehör zu Hilfe nehmen. Oder Sie bitten einen Mitreiter, Ihnen die Fußfolge anzusagen, und probieren es danach selbst: Sagen Sie immer laut »rechts« oder »links«, wenn das entsprechende Hinterbein vorschwingt, und lassen Sie sich von Ihrem Mitreiter kontrollieren.

Die Bewegungen der Vorderbeine können Sie leicht erkennen, indem Sie vom Sattel aus die Schultern des Pferdes beobachten. Wenn die Schulter vorgeht, schwingt das jeweilige Vorderbein gerade nach vorne. Ist die Schulter ganz nach hinten gerichtet, so wird das dazugehörige Vorderbein als Nächstes abfußen. Erst wenn Sie die Bewegung jedes einzelnen Beins richtig wahrnehmen können, sind Sie in der Lage, die Beine gezielt zu beeinflussen und Ihre Hilfen wirkungsvoll einzusetzen.

Sie brauchen einen ausbalancierten und beweglichen Sitz, um die Bewegungen des Pferderückens im Schritt zu erfühlen. Andererseits wird Ihr Sitz aber auch ausbalancierter, wenn Sie sich darauf konzentrieren, wie das Pferd sich unter Ihnen bewegt. Doch das Fühlen will erst gelernt sein. Machen Sie sich keine Sorgen, wenn Sie bei den ersten Versuchen noch nicht allzu viel mitbekommen. Üben Sie das Hinspüren immer wieder, bei jeder Schrittstrecke. Auf unebenem Boden wird es Ihnen schwerer fallen, denn das Pferd macht hier mal größere, mal kleinere Schritte. Konzentrieren Sie sich immer wieder darauf: Welches Bein geht gerade vor, wie weit und wie schnell tritt das Pferd damit nach vorne? Stimmt der Takt?

Wie man den Schritt durch den Sitz beeinflussen kann

Der Schritt ist für den ambitionierten Reiter eine sehr schwierige Gangart. Hat Ihr Pferd von Natur aus einen langen, federnden Schritt, sollten Sie diesen auf jeden Fall pflegen und es im Schritt möglichst nicht zu sehr zurückhalten.

Ein Pferd, das unter Ihnen davoneilt, können Sie über den Sitz langsamer machen. Das kann z. B. notwendig werden, wenn Sie in einer Gruppe reiten, in der ein langsameres Grundtempo herrscht, oder wenn Sie ein langsameres Handpferd mitnehmen. Um den Raumgriff zu verkürzen, versuchen Sie, den Bewegungen des Pferderückens mit Ihren Gesäßknochen etwas verzögert zu folgen. Dabei müssen Sie darauf achten, den Takt des Pferdes nicht zu stören, sich nicht zu verkrampfen oder gar den Atem anzuhalten. Gerade bei hektischen Pferden sollte man besonders auf die eigene Körpersprache und vor allem auf den Atem achten. Atmen Sie sehr bewusst, ruhig und gleichmäßig. Oft können Sie schon dadurch Ihrem Sitz mehr Ruhe verleihen.

Umgekehrt können Sie Raumgriff Ihres Pferdes mit etwas Übung auch allein durch Ihren Sitz erweitern. Reiten Sie am hingegebenen Zügel, und versuchen Sie, den Bewegungen des Pferdes mit Ihrem Gesäß optimal zu folgen, ohne es jedoch anschieben zu wollen. Bleiben Sie dabei so locker wie möglich, damit Sie sich nicht verspannen. Das Pferd wird seinen Raumgriff vergrößern, die Hinterbeine werden immer weiter vorschwingen und weit über die Hufabdrücke der Vorderbeine hinausgehen. Sie werden bemerken, wie das Pferd dabei Rücken und Hals mehr streckt.

Auf diese Weise können Sie den Raumgriff Ihres Pferdes variieren, ohne Schenkel- oder Zügelhilfen in Anspruch zu nehmen. Gerade bei jungen Pferden, die noch keine festgefahrenen Gewohnheiten haben, kann man damit schon bald Erfolge erzielen. Hat sich das Pferd erst an den einfühlsamen Sitz des Reiters gewöhnt, wird man immer seltener mit Gerte, Schenkel oder Zügel regulieren müssen.

Wenn Sie die Bewegungen Ihres Pferdes gut fühlen und einordnen können und sie sogar durch Ihren Sitz beeinflussen können, dann sind Sie Ihrem Ziel, ein guter Reiter zu werden, ein ganzes Stück näher gekommen. Denn nun haben Sie auch die Möglichkeit, punktgenau auf das Pferd einzuwirken. Gerade die Aufwärtsbewegung des Pferderückens muss der Reiter erfühlen und mitmachen, damit die Rückentätigkeit des Pferdes nicht gestört wird. Sie werden schnell merken, dass das Pferd, wenn es den Rücken freier bewegen kann, viel elastischer in seinen Bewegungen wird. Auch sein Takt wird immer besser.

Parallel zu Ihren Sitzeinwirkungen können Sie im Schritt auch wechselseitig mit den Unterschenkeln treiben – und zwar immer dann, wenn das jeweilige Hinterbein vortritt. Den richtigen Zeitpunkt für den Schenkeleinsatz können Sie im Schritt leicht erspüren, indem Sie die Unterschenkel locker hängen lassen. Sie werden merken, dass abwechselnd der linke und der rechte Unterschenkel leicht in Richtung Pferdebauch pendelt. Diese Bewegung verstärken Sie einfach noch ein bisschen, wenn Sie mit den Schenkeln treiben möchten.

Was tun, wenn Ihr Pferd zackelt?

Das Zackeln tritt fast nur beim Reiten in der Gruppe auf, die Ursache ist meistens Nervosität. Vor lauter Aufregung macht das Pferd immer kürzere Schritte und fängt schließlich an zu traben. Hält man es nun zurück, weil man im Schritt bleiben möchte, verkürzen sich die Trabschritte derart, dass das Pferd fast auf der Stelle trabt. Allerdings bewegen sich die Beine dabei so schnell auf und ab, dass der Rumpf der Bewegung kaum folgen kann.

Das Pferd muss sich also erst einmal beruhigen. Dazu kann es hilfreich sein, es eine Zeit lang am Anfang der Gruppe gehen zu lassen. Lassen Sie es ruhig ein paar Schritte traben, und versuchen Sie dann, über den Sitz die Schritte wieder langsamer und länger werden zu lassen. Wirken Sie so wenig wie möglich mit den Zügeln ein – denn je mehr Sie an den Zügeln ziehen, desto mehr wird sich das Pferd verspannen und erst recht versuchen, zu zackeln. Reitet man allein, kann man das Pferd im Trab durch Vorwärts-Abwärts-Reiten, Biegungen und Schenkelweichen lösen.

Passschritt – gibt es einen Ausweg?

Beim Passschritt geht der klare Viertakt des Schritts verloren. Das Pferd fußt mit beiden linken bzw. beiden rechten Beinen fast gleichzeitig ab und auf. Da sich die Pferde dabei versteifen, sollte man versuchen, durch eine verbesserte Gymnastizierung dagegen anzugehen.

Die Ursachen für diesen Taktfehler liegen bei den meisten Pferden in mangelnder Losgelassenheit. Einige Gangpferde gehen auch aus natürlicher Veranlagung Pass. Weitere Ursachen für Taktfehler können ein nicht gut passender Sattel oder Überforderung sein, z. B. dadurch, dass man im Schritt zu viel Raumgriff gefordert und so Verspannungen erzeugt hat. Der Passschritt kann aber auch durch eine zu harte Reiterhand verursacht werden. Hier sollte man zunächst die Zügel länger lassen und an der feinen Anlehnung arbeiten.

Eine Möglichkeit, gegen den Passschritt vorzugehen, besteht darin, das Pferd immer nur ein Bein nach dem anderen vorsetzen zu lassen und dazwischen kurze Pausen einzulegen. So kann man die laterale Bewegung aufsplitten. Das ist allerdings nicht ganz ungefährlich, denn ein temperamentvolles Pferd kann sich dabei sehr aufregen, statt zur Ruhe zu kommen.

Was tun, wenn Ihr Pferd im Schritt nicht mitkommt?

Reitet man viel allein im Gelände, gewöhnen sich viele Pferde das Trödeln an, und dem Reiter fällt es gar nicht auf, dass sein Pferd immer langsamer wird. Besonders ärgerlich wird das, wenn man dann in der Gruppe reitet und immer wieder im Trab aufholen muss oder das Pferd sich aus Angst, nicht mitzukommen, das Zackeln angewöhnt.

Versuchen Sie bei jedem Geländeritt darauf zu achten, dass Sie sich auch in den entspannenden Schrittphasen nicht einlullen lassen. Wenn Ihr Pferd im Schritt trödelt, sollten Sie seinen Raumgriff durch einen aktiven, einfühlsamen Sitz verlängern (siehe Seite 80). Dann wird Ihr Pferd auch im Schritt fleißiger und schneller werden. Damit diese Verbesserung von Dauer ist, müssen Sie aber sehr konsequent sein. Viele Geländereiter lassen ihre Pferde oft lahm dahinschlurfen und fordern nur ab und zu einen aktiveren Schritt. Dadurch lernt das Pferd, nur dann fleißig vorwärts zu schreiten, wenn der Reiter es ausnahmsweise mal verlangt – aber der flotte Schritt wird nicht zur Gewohnheit.

Der Trab

Im Trab bewegt das Pferd im Zweitakt jeweils ein diagonales Beinpaar nach dem anderen: Erst tritt es mit dem linken Vorderbein und dem rechten Hinterbein vor, dann mit dem rechten Vorderbein und dem

Der Bewegungsablauf im Trab

linken Hinterbein. Dazwischen liegt eine Schwebephase.
Bei den meisten Pferden ist der Trab die Gangart, in der sie sich am besten lösen. Andererseits fällt dem Reiter die Einwirkung durch die schnellere Fußfolge häufig etwas schwerer als im Schritt. Je nachdem, ob ein raumgreifender, lösender oder ein versammelter, gymnastizierender Trab gefordert ist, variiert der Sitz des Reiters. Zum Lösen oder bei jungen Pferden trabt der Reiter leicht und entlastet das Pferd, indem er sein Gewicht eher nach vorn legt. Bei fortgeschrittenen Pferden verlagert er sein Gewicht im versammelten Trab so weit nach hinten, wie es der Ausbildungsstand des Pferdes zulässt. Dadurch fördert er die Hankenbiegung, also das Beugen der Hinterhandgelenke und das Untersetzen der Hinterhand unter den Pferdekörper.

Der Takt

Ähnlich wie ein Langstreckenläufer sollte auch ein Geländepferd einen gleichmäßigen Rhythmus entwickeln. Macht es mal ein paar schnelle und mal einige langsame Tritte, wird es rasch ermüden. Es sollte daher in jedem Tempo taktmäßig laufen. Ohne Takt wird aus dem Zulegen ein Vorwärtsscheuchen und aus dem Zurücknehmen des Tempos ein Bremsen. Ohne einen gleichmäßigen Takt kann das Pferd auch keine ausbalancierte Haltung einnehmen.
Gerade am Anfang der Ausbildung sollte man das Pferd zunächst in dem Tempo traben lassen, in dem es sich am wohlsten fühlt. Bei jedem Ross gibt es – abhängig von seinem Körperbau – eine bequeme Haltung, in der es ruhig und zufrieden traben kann. Widerstehen Sie der Versuchung, einem wenig ausgebildeten Pferd ein bestimmtes Tempo aufdrücken zu wollen, sondern nehmen Sie den Rhythmus an, den es gemäß seinem Temperament und Exterieur anbietet. Achten Sie auch darauf, dass Sie Ihr Pferd nicht durch Ihren Sitz beim Leichttraben aus dem Takt bringen. Wenn Sie nicht sicher sind, ob Sie den Takt richtig halten, sollten Sie sich besser in den Steig-

Takt und Losgelassenheit des Pferdes sollten auch beim Reiten von Volten aufrechterhalten werden.

bügeln abstützen, das Gesäß leicht aus dem Sattel heben und im Entlastungssitz versuchen, das Pferd möglichst wenig zu stören.
Trabt das Pferd unregelmäßig oder hastig, sollte man gefühlvoll und ruhig treiben, bis es sich loslässt und die Beine gleichmäßig arbeiten. Das hört sich zunächst paradox an. Doch wenn man sich nicht von der Hast des Vierbeiners anstecken lässt und seinen Sitz und seine Schenkel ruhig und gelassen einsetzt, wird der Erfolg nicht auf sich warten lassen. Sollte das Pferd bei dieser Übung zwischendurch mal in den Galopp fallen, strafen Sie es nicht, sondern lassen Sie es ein paar Sprünge galoppieren und nehmen Sie es dann ruhig wieder zum Trab zurück.

Taktfehler

Ebenso wichtig wie der Takt ist die Fußfolge. Im Trab fußen die diagonal gegenüberliegenden Beine gleichzeitig auf und ab. Ist dies nicht der Fall, spricht man von einem gebrochenen oder gelaufenen Trab. Für einen Moment nimmt dabei der zuerst aufkommende Huf die ganze Last auf, was das Pferd nicht nur aus dem Gleichgewicht bringt, sondern auch seine Gesundheit gefährden kann. Oftmals kann man den gelaufenen Trab dadurch verbessern, dass man auf einer längeren Strecke Übergänge reitet, indem man kurz angaloppiert, nach ein paar Galoppsprüngen wieder zum Trab durchpariert und dies mehrere Male wiederholt. Die meisten Pferde traben anschließend viel lockerer und damit auch taktreiner.

Gerade im Trab werden viele Pferde durch gewaltsames Treiben gegen eine starr gegenhaltende Hand in eine zu hohe und zu enge Haltung gezwungen. Dies sieht auf dem ersten Blick sehr imponierend aus, doch solchen Pferden fehlt die Geschmeidigkeit und die Elastizität, also die Losgelassenheit. Der Trabrhythmus kann auch durch die Halshaltung des Pferdes gestört werden. Ist der Hals z. B. zu weit nach rechts gebogen, kann er auf dieser Seite das Vorderbein blockieren. Das Pferd versucht dies auszugleichen, indem es mit der Hinterhand nach links ausfällt (siehe Seite 41). Nun greifen die beiden linken Beine weiter vor als ihre Gefährten auf der rechten Seite. Bei der Diagonalen hinten links/vorne rechts kommt also zuerst das Vorderbein auf, bei dem anderen Beinpaar wird das Hinterbein zuerst aufsetzen. Achten Sie also darauf, Ihr Pferd nicht im Hals zu verbiegen.

Das Leichttraben

Wichtig beim Leichttraben im Gelände ist, dass man regelmäßig den Fuß wechselt. Selbst ein perfekt ausgebildetes Pferd wird schon nach einem Ausritt schief sein, wenn es nur auf einem Fuß leichtgetrabt wurde. Heben Sie Ihr Gesäß also bei der einen Trabstrecke immer dann aus dem Sattel, wenn das linke Hinterbein und das rechte Vorderbein vorschwingen. Beim nächsten Trab stehen Sie dann auf, wenn rechtes Hinterbein und linkes Vorderbein nach vorne treten. Dies ist besonders bei Pferden wichtig, die ihren Reiter so zu manipulieren verstehen, dass dieser immer nur das vermeintlich stärkere Hinterbein belastet. Gibt der Reiter dem Wunsch des Pferdes nach und trabt immer nur auf dessen Lieblingsfuß, wird dieses Beinpaar immer etwas kürzer treten und stärker belastet werden als das andere.

Auch beim Leichttraben muss der Reiter sich den Schwingungen des Pferderückens so gut wie möglich anpassen. Heben Sie sich nicht zu hoch aus dem Sattel, sonst bekommen Sie schnell Probleme mit dem Gleichgewicht und stören das Pferd in seiner Balance. Überprüfen Sie auch immer wieder, ob Sie nicht einen Steigbügel stärker belasten als den anderen, und achten Sie darauf, sich nicht mit den Oberschenkeln festzuklemmen.

Ebenfalls wichtig für Ihre Balance ist die Blickrichtung. Schauen Sie nicht nach unten auf den Pferdehals, sondern über die Pferdeohren hinweg. Die meisten Reiter machen beim Herunterschauen einen Buckel oder fallen nach vorn. Achten Sie also darauf, den Kopf hoch und den Rücken gerade zu halten, ohne ein Hohlkreuz zu machen.

Das Treiben im Trab

Die meisten Reiter treiben während des Leichttrabens beim Einsitzen mit beiden Schenkeln. Doch eigentlich kann man mit der Schenkelhilfe nur das gerade vorschwingende Hinterbein beeinflussen. Deshalb ist das beidseitige Treiben für das Pferd etwas irritierend. Auch im Trab ist es daher sinnvoll, wechselseitig zu treiben – also den linken Schenkel anzulegen, wenn das linke Hinterbein vortritt, und den rechten, wenn das rechte Hinterbein abfußt.

Sie können das Vorwärtsschwingen der Hinterbeine im Trab am besten beim Aussitzen durch das Pendelnlassen der Beine erfühlen und dann versuchen, diesen Takt auch ins Leichttraben zu retten. Dann können Sie auch leichter erfühlen, auf welchem Fuß Sie gerade traben.

Das Aussitzen

Es gibt Reiter, die auch nach langen Jahren im Sattel Schwierigkeiten haben, im Trab in die Bewegung hineinzufinden. Gerade Geländereiter umgehen dieses Problem oft, indem sie nur leichttraben. Dies ist sicher besser, als dem Pferd bei jedem Trabschritt in den Rücken zu fallen. Wenn Sie Ihr Pferd aber im Gelände gymnastizieren wollen, werden Sie nicht um das Aussitzen herumkommen.

Dafür sollten Sie sich einen möglichst ebenen, federnden Untergrund wie z. B. Wald- oder Grasboden suchen. Auf Gras müssen Sie aber darauf achten, dass der Boden nicht zu nass ist, sonst kann das Pferd gerade in den Biegungen leicht ins Rutschen geraten.

Beim Aussitzen muss der Reiter den Schwingungen des Pferderückens mit dem Gesäß folgen und seinen Sitz den Bewegungen anpassen. Dafür muss man in Becken und Hüfte beweglich sein – und das kann man üben.

Lassen Sie Ihr Pferd möglichst langsam auf einer geraden Strecke traben. Im langsamen Trab schwingt der Pferderücken nicht so stark, und man kann der Bewegung leichter folgen. Verlieren Sie den geschmeidigen Sitz, können Sie sich zunächst wieder ins Leichttraben retten. Anschließend parieren Sie zum Schritt durch und traben erneut an. Meist behindert der Reiter sich selbst, indem er sich mit den Ober- oder

Unterschenkeln am Sattel festklemmt. Dann kann er nicht mehr locker in der Hüfte mitschwingen. Konzentrieren Sie sich beim Aussitzen also eine Zeit lang weniger auf Ihr Gesäß, sondern mehr auf die Lockerheit Ihrer Ober- und Unterschenkel. Achten Sie auch darauf, dass Sie Ihre Hände ruhig halten und sie nicht zum Halten des Gleichgewichts benutzen. Sie sollten deshalb das Aussitzen immer wieder unterbrechen und Schrittphasen einlegen, in denen Sie Hüfte und Beine lockern und Ihren Sitz korrigieren können.

Klappt das Aussitzen im langsamen Trab gut, können Sie die Hinterhand stärker zum Untertreten animieren und üben, auch die stärkeren Rückenschwingungen auszusitzen.

Der Galopp

Der Galopp ist eine Dreitaktbewegung. Im Rechtsgalopp fußt das Pferd zuerst mit dem linken Hinterbein ab. Dann springen das rechte Hinterbein und das linke Vorderbein gleichzeitig vor, und schließlich fußt das rechte Vorderbein ab. Darauf folgt eine Schwebephase, in der sich alle vier Hufe in der Luft befinden. Im Linksgalopp ist die Fußfolge genau seitenverkehrt.

Der Sitz im Galopp

Im Gelände galoppiert man meist im leichten Sitz, bei dem sich das Gesäß etwas über dem Sattel befindet und der Oberkörper leicht nach vorn geneigt ist. Dieser Sitz ist z. B. zum Lösen oder zum Bergaufgaloppieren empfehlenswert. Doch um Ihr Pferd zu gymnastizieren, sollten Sie auch im Galopp im Sattel sitzen bleiben – denn nur dann können Sie mit Ihrem Sitz gezielt auf das Pferd einwirken.

Das Mitgehen in der Bewegung ist im Galopp für den Reiter etwas einfacher als im Trab. Das oftmals in den Reitschulen geforderte »Auswischen« des Sattels mit dem Gesäß veranlasst allerdings viele Reiter dazu, mit dem Oberkörper weit vor und zurück zu schwanken, um aktiv dem Galopprhythmus folgen. Häufig

Der Bewegungsablauf im Galopp

Im Galopp können Sie je nach Situation im leichten Sitz ...

... oder in der Dressurhaltung sitzen.

stören sie damit das Pferd in seinem Bewegungsablauf. Durch das übertriebene Mitgehen mit dem Oberkörper versteift sich der Reiter zudem leicht in der Hüfte.
Das Gesäß sollte auch im Galopp immer auf demselben Teil des Sattels ruhen. Die Bewegungen des Pferdes kann der Reiter durch ein Abkippen seines Beckens abfangen. Versuchen Sie, in der Hüfte beweglich zu bleiben und die Rückenschwingungen durch ein Mitschwingen des Beckens auszugleichen. Dadurch werden Oberkörper und Hände ruhiger, und die ungewollte Gewichtsverlagerung reduziert sich auf ein Minimum.

Galoppieren – wann und wo?

Der Boden für den Galopp sollte weich und federnd sein. Auf sehr tiefen Böden ist das Galoppieren für das Pferd sehr anstrengend; hier sollte man längere Galoppaden auf jeden Fall vermeiden. Bergauf zu galoppieren ist gerade für die Hinterhandmuskulatur sehr förderlich. Einen Hang hinunterzugaloppieren ist hingegen eine ausgesprochen riskante Angelegenheit. Macht das Pferd einen falschen Schritt, kann es leicht zu einem gefährlichen Sturz kommen. Dies gilt leider auch für das Galoppieren durch Bach- und Flussläufe, das Ross und Reiter gerade im Sommer sehr viel Spaß machen kann.
Wege, die sich kurvenreich durch die Landschaft schlängeln, bieten sich für die Gymnastizierung und für Galoppwechsel an. Vor jeder Wegbiegung kann man das Pferd durchparieren, umstellen und bei Linkskurven im Linksgalopp, bei Rechtskurven im Rechtsgalopp neu angaloppieren. Leider sind solche Wege oft auch unübersichtlich. Achten Sie darauf, dass Sie nur so schnell reiten, dass Sie Ihr Pferd jederzeit zum Halten durchparieren können, falls plötzlich ein Hindernis oder ein Fußgänger auftauchen sollte.
Ein flott gerittener Galopp kann bei Pferden, die sich schlecht lösen lassen, wahre Wunder wirken. Außerdem eignet er sich im Allgemeinen sehr gut zum Aufbau der Rückenmuskeln. Bei Pferden mit sehr schlecht entwickelter Rückenmuskulatur muss man aber darauf achten, sie im Galopp nicht zu überfordern.

Das Angaloppieren

»Inneres Bein lang, Gewicht nach innen, äußerer Schenkel verwahrend eine Handbreit hinter dem Gurt, Druck mit dem inneren Schenkel, Vorgehen mit der inneren Hand« – diese Anleitung zum Angaloppieren wird in jeder Reitschule gelehrt, und dennoch haben viele Reiter Schwierigkeiten damit. Das liegt meist daran, dass die Hilfengebung unpräzise ist und/oder dass es am richtigen Timing und an der Koordination mangelt. Achten Sie also zunächst auf Ihren Sitz und Ihre Hilfengebung, z. B. darauf, ob Sie weit genug mit der Hand nachgeben. Vielleicht versuchen Sie auch, das Pferd anzuschieben, fallen dabei mit dem Oberkörper nach vorn und behindern das Pferd so beim Anspringen, oder Sie geben Ihre Hilfen nicht im richtigen Moment.

Sollten Sie mit den »herkömmlichen« Galopphilfen Schwierigkeiten haben, können Sie ruhig andere Möglichkeiten in Betracht ziehen, um Ihr Pferd anzugaloppieren. Die meisten Jungpferde galoppieren auf der Weide in leichter Außenstellung an. Dies kann man sich auch unter dem Sattel zu Nutze machen, in den USA z. B. ist das durchaus üblich. So lernen viele Pferde wesentlich leichter, auf dem richtigen Fuß anzuspringen. Für manche Rösser scheint es auch wesentlich verständlicher zu sein, wenn man sie mit dem äußeren Schenkel zum Angaloppieren auffordert, weil ja das äußere Hinterbein als Erstes vorspringen muss.

Sie können auch versuchen, aus dem Leichttraben heraus anzugaloppieren. Beim Einsitzen aktivieren Sie automatisch das entsprechende Hinterbein – und das ist der richtige Moment für Ihre Aufforderung zum Galopp.

Den meisten Pferden fällt der Linksgalopp leichter. Beginnen Sie deshalb erst dann mit dem Rechtsgalopp, wenn die Hilfen auf der linken Seite sicher durchkommen. Lässt man das Pferd absichtlich etwas nach außen gucken, wird es nicht so leicht nach außen drängen und in einer besseren Selbsthaltung leichter und schwungvoller galoppieren. Später sollte das Pferd im Galopp natürlich nach innen gestellt sein.

Sie sehen also, es gibt mehrere Möglichkeiten, ein Pferd anzugaloppieren. Sie müssen nur herausfinden, welcher Weg für Sie und Ihr Pferd der leichteste ist. Allerdings sollten Sie dann konsequent bei dieser Hilfengebung bleiben und Ihr Pferd nicht durch ständige Hilfen-Experimente verwirren.

Was tun, wenn Ihr Pferd immer falsch anspringt?

Möchte ein Pferd grundsätzlich nur auf einer Hand galoppieren, ist es wahrscheinlich auf der anderen Seite sehr steif. Bevor Sie mit der Galopparbeit beginnen, sollten Sie dieser Steifheit zunächst im Schritt und Trab entgegenwirken. Reiten Sie viele lösende und biegende Übungen wie Schlangenlinien, Achten und Seitengänge. Achten Sie auch beim Leichttraben darauf, dass Sie wirklich regelmäßig den Fuß wechseln.

Zum Angaloppieren sollten Sie sich dann eine längere, gerade Strecke aussuchen. Stellen Sie Ihr Pferd ein wenig nach außen, und achten Sie darauf, auch Ihr Gewicht leicht nach außen zu verlagern. Springt es richtig an? Wenn ja, loben Sie es überschwänglich, wenn nicht, parieren Sie es ruhig durch und versuchen Sie es erneut. Sie sollten es auf keinen Fall strafen, denn es hat die Aufgabe ja zum Teil richtig gelöst und ist auf Ihr Kommando hin angaloppiert. Eine Strafe wird es in diesem Augenblick nur aufregen, verwirren oder widerspenstig machen.

Springt es beim zweiten Mal richtig an, loben Sie überschwänglich und galoppieren eine Weile. Dann lassen Sie das Pferd im Schritt am langen Zügel seinen Erfolg genießen und galoppieren an diesem Tag nicht mehr. Normalerweise versucht man zwar, durch Wiederholungen das Erlernte zu festigen. In diesem Fall ist es aber sinnvoll, dies auf einen späteren Zeitpunkt zu verschieben. Denn die Wahrscheinlichkeit, dass sich ein Fehler einschleicht, ist relativ hoch, da die Pferde den Unterschied zwischen Angaloppieren im Allgemeinen und Angaloppieren auf einer bestimmten Hand anfangs nur schwer verstehen.

Das Tempo

Ein eher träges Pferd sollte man im Galopp ruhig auch mal richtig vorwärts schicken. Allerdings darf die Strecke dann nicht zu lang sein, damit man dem Pferd nicht die Freude an der Bewegung nimmt, indem man es überanstrengt. Auch Pferde, die sich nicht gern loslassen oder strecken, sollte man im Galopp ordentlich vorwärts reiten. Eine Tempoverstärkung sollte im Galopp vor allem vom Schenkel ausgehen. Wichtig ist aber, dass Sie beim Verstärken auch auf die längeren Galoppsprünge vorbereitet sind und sie ausbalancieren können, damit Sie nicht den Gehorsam Ihres Pferdes bestrafen, indem Sie ihm in den Rücken fallen oder aus Versehen am Zügel ziehen.
Ruhigere Pferde fallen vor allem im langsamen Galopp leicht in einen Vierschlaggalopp. Dabei setzt das Pferd die Hinterhand nicht genügend ein, sodass die Schwebephase und damit der Dreitakt des Galopps verloren geht. Pferde, die dazu neigen, sollte man zunächst einen schnelleren Galopp gehen lassen, bis sie eine entsprechende Schwebephase entwickelt haben. Später kann man mit Tempowechseln darauf hinarbeiten, dass das Pferd auch im langsameren Tempo einen klar gesprungenen Galopp geht. Es kommt aber auch vor, dass der Reiter sein Pferd in einen Vierschlaggalopp zwingt, wenn er nicht richtig mit der Bewegung mitgehen kann und unbewusst die Schwebephase abkürzt.
Vorsicht ist immer dann geboten, wenn die Rückenmuskeln eines Pferdes sehr schlecht entwickelt sind. Pferde mit einer langen Rückenpartie können schon bei geringer Belastung überanstrengt werden. Dennoch ist der Galopp für den Aufbau und zur Verbesserung der Rückenmuskulatur sehr wichtig. Gerade im langsamen Arbeitsgalopp kann das Pferd durch das gleichmäßige Auf- und Abschwingen des Rückens seine Muskeln sehr gut trainieren. Deshalb sollten Sie gerade längere Strecken nutzen, um das Pferd einmal im Rechtsgalopp und das andere Mal im Linksgalopp ruhig galoppieren zu lassen. Kürzere Galoppstrecken kann man nutzen, indem man immer wieder zum Trab durchpariert und das Pferd dann wieder auf der anderen Hand anspringen lässt. Hierbei lösen sich Pferde mit festgehaltenem Rücken am besten.
Um die Rittigkeit zu verbessern, sollten Sie Übergänge üben. Je nach Ausbildungsstand können Sie aus dem Galopp zum Trab, Schritt oder Stand durchparieren und dann gleich wieder angaloppieren. Eben-

so wichtig sind die Tempounterschiede im Galopp. Fordern Sie also mal flotteres Tempo, dann wieder langsamen Arbeitsgalopp und bei gut ausgebildeten Pferden zwischendurch auch einen versammelten Galopp.

Das Pferd im Galopp biegen

Junge, wenig ausgebildete Pferde geraten leicht in Panik, wenn sie das Gefühl haben, aus der Balance gebracht zu werden. Deshalb sollte man sie im Galopp anfangs möglichst ganz in Ruhe lassen. Sie sollten auf keinen Fall versuchen, das Pferd auf Teufel komm raus nach innen zu stellen, sondern es in seiner natürlichen Haltung galoppieren lassen. Höchstwahrscheinlich wird es zunächst die Außenstellung bevorzugen und dafür gelassener und ruhiger galoppieren.

Grundvoraussetzung für die Galopparbeit ist eine sorgfältige Gymnastizierung und ein sicherer Gehorsam in den langsameren Gangarten. Erst wenn es auch im Galopp die Anlehnung sucht, kann man anfangen, das Jungpferd stärker zu fordern und im Galopp zu biegen. Junge Pferde dürfen zunächst in einem weiten Rahmen gehen und sollten erst allmählich an den Zügel herangetrieben werden. Man sollte sehr vorsichtig mit leichten Biegungen beginnen, sonst kann es leicht zu einem gemeinsamen Sturz kommen. Viele Reiter übertreiben das Biegen. Denken Sie daran, dass die Biegung dem Pferd helfen soll, in den Kurven das Gleichgewicht zu halten, und »überbiegen« Sie es nicht.

Was tun, wenn Ihr Pferd unter Ihnen davonrennt?

Gerade temperamentvolle Pferde versuchen immer wieder, im Galopp unter dem Reiter loszuschießen. Um heftige Pferde zu galoppieren, braucht man viel Fingerspitzengefühl und eine gute Beobachtungsgabe: Ist der Vierbeiner nach dem Galopp völlig überdreht, oder reagiert er sich beim Galoppieren ab, wird er gelassener und lockerer? Im letzteren Fall darf man ihn ruhig mal ein bisschen laufen lassen. Heizt das Pferd sich dagegen auf, sollte man immer nur ruhig galoppieren und vor allem keine Wettrennen reiten.

Verliert man immer wieder die Kontrolle über sein Pferd, sollte man nach Möglichkeit allein vor der Gruppe galoppieren. Denn wenn man hinter den anderen hergaloppiert, wird ein hitziges Ross leicht zum Rennpferd. Die Schlusslicht-Position ist eher für die gemächlicheren Typen geeignet, die man ein bisschen aufwecken möchte.

Wenn ein Pferd zum Davonstürmen neigt, sollte man als Erstes die Ausrüstung kontrollieren. Passen Sattel und Zaumzeug? Drückt vielleicht irgendwo ein Lederteil oder eine Schnalle? Ist dies nicht der Fall, ist in den meisten Fällen die mangelnde Disziplin des Reiters der Grund für das Verhalten des Pferdes. Viele Reiter lassen ihre Pferde im Galopp unkontrolliert laufen oder galoppieren häufig sogar um die Wette. Sicher macht es Spaß, sein Pferd im schnellen Galopp dahinjagen zu lassen – aber dabei muss man immer die Kontrolle über das Tier behalten.

Immer mit der Ruhe: Wenn Ihr Pferd in Gesellschaft von Artgenossen ständig an Wettrennen denkt, sollten Sie ihm eine Zeit lang ruhige Gruppenausritte ohne Galopp verordnen.

Manche Pferde geraten bei Wettrennen auch in Panik und laufen nicht aus Freude, sondern aus Angst. Für das Pferd bedeutet es »Gefahr«, wenn der Boss plötzlich verlangt, dass es so schnell wie möglich rennen soll. Die Beine werden schwer, die Lungen geben ihr Äußerstes – und der Chef ist immer noch nicht zufrieden. Auch alle Freunde scheinen um ihr Leben zu laufen. Wenn Ihr Pferd nach dem Galopp regelrecht überdreht ist und kaum in den Schritt zurückfindet, sondern zu zackeln anfängt, ist dies ein untrügliches Zeichen dafür, dass Sie ihm (und sich) mit dem Rennenlassen keinen Gefallen getan haben. Ihr Pferd ist so aufgeputscht worden, wie es in der Natur nur in Notsituationen geschieht.

Ein anderer Grund für das Davonstürmen kann Langeweile sein. Viele Pferde kennen das tägliche Programm auswendig: Dort, wo der Zaun zu Ende ist, wird angetrabt, da hinten wieder durchpariert; da drüben gibt es so eine merkwürdige Bank, vor der man ein bisschen scheuen kann. Langweilen sich die Pferde derart, ist es kein Wunder, wenn sie selbst für Abwechslung sorgen.

Die meisten Pferde gehen also entweder aus schlechter Gewohnheit, aus Panik oder aus Langeweile durch. Das Einzige, was der Reiter dagegen tun kann, ist, diszipliniert

Keine Gewohnheits-Raserei!

Lassen Sie Ihr Pferd nicht immer auf derselben Strecke oder an derselben Stelle angaloppieren – sonst wird es immer früher zu zappeln anfangen und das Startsignal kaum abwarten können. Wenn Sie immer denselben Weg entlanggaloppieren, dürfen Sie sich nicht darüber wundern, dass das Pferd den Galopp auf diesem Weg irgendwann als sein gutes Recht ansieht.

und abwechslungsreich zu reiten. Auch wenn eine Strecke noch so sehr zu einem frischen Galopp einlädt, sollten Sie für Abwechslung sorgen: Heute wird hier getrabt, morgen Schritt gegangen, und nächste Woche werden die Übergänge geübt. So wird auch intelligenten Pferden nicht langweilig – und Sie behalten die Kontrolle.

Einzelne Übungen im Gelände

Stopp and Go

Die wichtigste Lektion, die Ihr Pferd im Gelände beherrschen muss, ist das Anhalten und Stehenbleiben! Ganz gleich, welche Situationen Ihnen und Ihrem Pferd einen Schrecken einjagen – Ihr Ross muss lernen, auch in einer Gefahrensituation stehen zu bleiben und abzuwarten. Das ist das Erste, was Sie ihm beibringen sollten.

Am besten übt man das Stehenbleiben natürlich in einer ruhigen Situation. Halten Sie aus dem Schritt an, und legen Sie beide Hände auf den Widerrist. Wenn Sie ein nervöses Pferd haben, massieren Sie mit einer Hand leicht gegen den Haarstrich und loben es leise. Dehnen Sie die ersten Versuche gerade bei unruhigen Pferden nicht zu lange aus. Geben Sie das Kommando zum Anreiten, bevor das Tier von sich aus wieder antreten will.

Erst wenn Sie sicher sind, dass Ihr Vierbeiner verstanden hat, worum es bei dieser Übung geht, können Sie ihn so lange stehen lassen, bis er die Geduld verliert und von selbst wieder antritt. Korrigieren Sie ihn dann, indem Sie ihn wieder durchparieren. Lassen Sie ihn ruhig ein paar Schritte rückwärts treten und anschließend noch mal ein Weilchen stehen. Dann erhöhen Sie den Schwierigkeitsgrad, indem Sie z. B. im Schritt über seine Lieblingsgaloppstrecke reiten und dort immer wieder kleine Stehpausen einlegen.

Scheut Ihr Pferd an einer bestimmten Stelle im Gelände immer wieder, so können Sie diese Übung hier noch weiter ausbauen. Lassen Sie es einen Moment an der Furcht erregenden

Wie ein Fels in der Brandung: Das ruhige Stehen ist eine der wichtigsten Lektionen für Geländepferde.

Stelle stehen. Nun hat es mit Ihrer Hilfe eine »Gefahr« überwunden – das fördert das Vertrauen. Allmählich bauen Sie die Zeitspanne des Stehenbleibens auch an dieser Stelle aus. Bei fortgeschrittenen Pferden können Sie natürlich auch aus dem Trab oder Galopp anhalten und dann das Stehenbleiben fordern.

Schritt für Schritt

Versuchen Sie einmal, immer Schritt für Schritt zu reiten. Suchen Sie sich dafür einen ruhigen, ebenen Feld- oder Waldweg, und halten Sie Ihr Pferd nach jedem einzelnen Schritt an. Diese Übung hört sich sehr einfach an, sie ist es aber nicht. Pferd und Reiter müssen sehr konzentriert ans Werk gehen. Deshalb ist diese Lektion sehr gut geeignet, um unaufmerksame oder gleichgültige Pferde dazu zu bringen, sich besser auf den Reiter zu konzentrieren. Dabei müssen Sie aber in der Lage sein, Ruhe und Konzentration auf Ihr Pferd zu übertragen. Denken Sie gerade bei zappeligen Pferden daran, ruhig und gleichmäßig zu atmen. Wenig sinnvoll ist diese Übung allerdings bei Pferden, die sowieso schon bei jedem Ausritt fast einschlafen.

Abwechslung durch Übergänge und Tempowechsel

Mit Gangartenwechseln kann man sehr gut kontrollieren, ob das Pferd gehorsam auf die Hilfen reagiert, und nötigenfalls die Durchlässigkeit verbessern. Gestalten Sie Ihre Ausritte so abwechslungsreich wie möglich! Galoppieren Sie z. B. nur die eine Hälfte einer Galoppstrecke, parieren Sie zum Stand durch, und traben Sie dann wieder an. Inwieweit Sie die Gangartenwechsel variieren können, hängt natürlich vom Ausbildungsstand des Pferdes ab. Junge Pferde, die zu schnell an Gangartenwechsel herangeführt wurden, können aus dem Gleichgewicht geraten und anfangen, hauptsächlich auf der Vorhand zu stoppen. Deshalb sollte man den Schwierigkeitsgrad erst erhöhen, wenn das Pferd sich nicht nur irgendwie bremsen lässt, sondern wenn es gelassen und willig die Hilfen annimmt.
Nehmen Sie sich ruhig feste Kontrollpunkte zu Hilfe, z. B. an dem Stein angaloppieren, an der Birke wieder durchparieren; den Zaun entlang traben usw. Dabei sollten Sie aber darauf achten, die Lektionen gut vorzubereiten und das Pferd nicht mit Ihren Hilfen zu überfallen.

Der Wechsel macht's

Übergänge können sehr vielfältig eingesetzt werden. Verhaltene oder faule Pferde kann man durch häufige Gangartenwechsel wecken. Galoppieren Sie z. B. mal aus dem Rückwärtsrichten oder aus einer Volte heraus an, parieren Sie nach 20 Metern zum Schritt durch, und traben Sie nach fünf Metern wieder an.
Bei flotten und temperamentvollen Tieren sollte man ruhiger und gelassener vorgehen. Galoppieren Sie z. B. rechts an, parieren Sie nach einigen Galoppsprüngen wieder durch, um dann links anzugaloppieren und wieder durchzuparieren. Danach sollten Sie so lange Schritt gehen, bis Ihr Pferd einen ruhigen, gleichmäßigen Takt gefunden hat. Um Konzentration und Gehorsam zu festigen, können Sie anschließend ein paar Biegeübungen einfließen lassen – z. B. um Bäume oder auf dem Boden liegende Äste herum.

Geben Sie zunächst der Korrektheit und Feinheit der Hilfen den Vorzug gegenüber der punktgenauen Ausführung.
Auch das Verstärken und Zurücknehmen des Tempos in einer Gangart sagt viel darüber aus, wie gut das Ross ausbalanciert ist und an den Hilfen steht. Sie sehen also: Auch auf einer ganz alltäglichen Hausrunde muss es einem niemals langweilig werden!
Um Abwechslung in den Geländeritt zu bringen und gleichzeitig den Gehorsam des Pferdes zu fördern, gibt es unzählige Möglichkeiten: Reitet man in der Gruppe, kann man z. B. einen Reiter vorgaloppieren lassen und dann mit Abstand hinterhertraben. Der erste Reiter kann dann vom Galopp zum Trab durchparieren und sich vom nachfolgenden Reiter überholen lassen, der nun seinerseits zum Schritt durchpariert und den zweiten Reiter wieder vorbeilässt. Solche Aufgaben sind besonders wichtig, wenn man viel in der Gruppe reitet, damit das Pferd lernt, nicht an seinen Kameraden zu kleben und sich besser auf den Reiter zu konzentrieren.

Bergauf- und Bergabreiten

Sowohl durch Bergauf- als auch durch Bergabreiten werden die Muskeln des Pferdes auf natürliche Weise trainiert. Besonders die Rücken- und die Hinterhandmuskulatur werden gefördert. Allerdings sollte man ein paar Regeln beachten.
Wenn man einen Hang mit leichter Neigung hinunterreitet, sollte man auf jeden Fall den Rücken des Pferdes entlasten, indem man seinen Oberkörper leicht nach vorne neigt. Man sollte sich aber nicht zu weit nach vorn beugen – sonst bekommt das Pferd leicht Übergewicht nach vorn und wird zu immer schnelleren und damit unsicheren Tritten verleitet. Bei steilen Hängen verlegen Sie beim Entlasten Ihren Schwerpunkt nach hinten, weil das Pferd sein Gewicht ebenfalls nach hinten bringen wird, um so Schrittchen für Schrittchen den Berg hinabzuklettern.

Immer schön in der Senkrechten bleiben

Viele Reiter beklagen, dass ihre Pferde gerade beim Bergabreiten nicht trittsicher sind und immer wieder stolpern. Dies ist natürlich unangenehm, weil es leicht zu einem Sturz kommen kann. Um dies zu vermeiden, sollte man Berge auf jeden Fall immer möglichst senkrecht hinunterreiten. Dabei kann das Pferd sich auch mal einen Fehltritt leisten, ohne gleich ins Trudeln zu geraten. Versucht ein Pferd den Berg seitwärts wie ein ängstlicher Skifahrer hinunter zu trippeln, kann dies leicht dazu führen, dass sich Pferd und Reiter überschlagen.

Keine Rutschpartie: Beim Bergabreiten muss der Pferderücken entlastet werden. Bitte lehnen Sie sich aber nicht so weit nach vorne, dass Sie Ihr Ross aus dem Gleichgewicht bringen!

Klettertraining: Das Bergaufreiten stärkt die Rücken- und Hinterhandmuskulatur.

Führt ein Weg nur minimal bergab, so kann man dies für die Versammlungsarbeit nutzen, denn das Pferd tritt beinahe automatisch weiter unter seinen Schwerpunkt. In diesem Fall bleiben Sie aufrecht im Sattel sitzen und treiben das Pferd mit Schenkeln und Sitz an die anstehenden Zügel heran.
Bergauf muss man den Motor des Pferdes, die Hinterhand, entlasten und das Gewicht auf die Vorhand verlagern. Zur Stabilisierung des eigenen Sitzes sollte man bei steilen Hängen auf jeden Fall zumindest mit einer Hand in die Mähne fassen. Die Wahl des Weges überlässt man am besten dem Pferd. Je nachdem, wie steil der Berg ist, sollte man das Pferd auch die Gangart wählen lassen. Ist der Berg allerdings nicht übermäßig steil, kann es für die Gymnastizierung der Hinterhandmuskulatur empfehlenswert sein, das Pferd im Schritt hinaufgehen zu lassen. Weniger steile Hänge eignen sich auch hervorragend dafür, das Pferd im leichten Galopp zu lösen.

Rückwärtsrichten im Gelände

Beim Rückwärtsrichten setzt das Pferd normalerweise jeweils das diagonale Beinpaar zurück. Die Fußfolge entspricht also der im Trab.

Rückwärtsgang: Achten Sie darauf, dass Sie sich beim Rückwärtsrichten nicht zu weit nach hinten lehnen!

Das Zurücktreten sollten Sie Ihrem Pferd zunächst vom Boden aus erklären.

Die Ausnahme von dieser Regel bilden passveranlagte oder sehr steife Pferde, die mit den gleichseitigen Beinpaaren zurücktreten.
Auch beim Rückwärtsrichten haben die treibenden Hilfen eine wichtige Funktion. Das Pferd wird mit dem Schenkel in die weich gegenhaltende Hand getrieben, die verhindert, dass das Pferd vorwärts geht. Sobald das Pferd rückwärts strebt, gibt die Hand nach. Beim Rückwärtsrichten darf

Wie lernt das Pferd das Rückwärtsgehen?

Am einfachsten kann man einem Pferd das Rückwärtsrichten an der Hand beibringen. Legen Sie dazu eine Hand flach auf die Pferdebrust, drücken Sie mit dem Daumen auf die Spitze des Schulterknochens, geben Sie das Stimmkommando »Zuuurück«, und zupfen Sie am Führstrick rückwärts.
Das Rückwärtsgehen ist eine sehr wichtige Übung, denn indem Sie das Pferd zurückweichen lassen, bringen Sie es dazu, Ihre Autorität anzuerkennen. Besonders dominante Pferde werden immer wieder versuchen, sich vor dieser unangenehmen Pflicht zu drücken. Gerade bei ihnen ist das Rückwärtsgehenlassen daher unerlässlich.

man nicht den Fehler begehen, das Pferd mit dem Zügel zurückziehen zu wollen. Setzt man die Zügel zu stark ein, kriecht das Pferd förmlich rückwärts oder widersetzt sich vollkommen. Verfallen Sie außerdem nicht in den Fehler, sich mit dem Oberkörper nach hinten zu lehnen, sondern versuchen Sie eher, den Rücken des Pferdes leicht zu entlasten.

Auf die ersten Versuche, die Vorwärtstendenz mit der Hand aufzuhalten, reagieren die meisten Pferde mit Widerstand. Sie versteifen die Hals- und Rückenpartie. Es braucht ein bisschen Geduld und vor allem ein promptes Lob durch Nachgeben in der Hand bei der ersten Rückwärtstendenz, damit der Vierbeiner versteht, was er tun soll.

Hat das Pferd vom Boden aus gelernt, auf ein Stimmkommando wie »Back« oder »Zurück« rückwärts zu gehen, wird es natürlich leichter verstehen, worum es geht. Macht das Pferd auch nur einen kleinen Schritt zurück, muss es überschwänglich gelobt werden. Am Anfang darf man nur wenige Schritte verlangen. Bei schwierigen Pferden reichen ein bis zwei Tritte durchaus, ansonsten schleichen sich zu schnell Fehler ein.

Unter dem Sattel fördert das Rückwärtsrichten sowohl die Losgelassenheit als auch die Hankenbiegung und damit die Versammlung. Treten unter dem Sattel Widerstände auf, beruhen diese meist darauf, dass das Pferd versucht, sich der Versammlung zu entziehen. Mit dem Rückwärtsrichten kann man sehr gut kontrollieren, ob man in der bisherigen Ausbildung solide gearbeitet hat. In den meisten anderen Lektionen kann man einen Mangel an Losgelassenheit durch Schwung kaschieren. Beim Rückwärtsrichten funktioniert das nicht. Geht das Pferd nicht mit tätigem Rücken und gebeugten Hanken taktklar rückwärts, muss man stärker an der Losgelassenheit arbeiten (siehe Seite 56).

Die Schaukel

Als »Schaukel« bezeichnet man eine Lektion, bei der das Pferd flüssig und ohne Stocken erst rückwärts, dann vorwärts und wieder rückwärts geht. In der Schaukel kann das Pferd sehr fein auf die Hilfen abgestimmt wer-

Rückwärtstreten als Gymnastik

Wenn das gerade Rückwärtsrichten gut klappt, können Sie Ihr Pferd auch in einem Bogen, z. B. um einen Busch herum, rückwärts gehen lassen. Auf einem gut einsehbaren Weg können Sie das Ross auch mal um eine Kurve rückwärts treten lassen. Sehr gut für die Gymnastizierung des Pferdes ist z. B. folgende Übung: Hinterhandwendung, rückwärts gehen um die Kurve, Vorhandwendung und wieder geradeaus reiten.

den. Es sollte sich nach dem Rückwärtsschritt sofort wieder anreiten lassen, ohne dass der Bewegungsfluss gestört wird.
Wichtig für die Qualität der Schaukel ist es, dass der Reiter gerade sitzen bleiben kann, ohne beim Richtungswechsel nach vorne oder hinten zu fallen. Auch die Schaukel macht das Pferd aufmerksamer und sensibler.

Von Punkt zu Punkt: das Geradeausreiten

»Von Punkt zu Punkt« ist eine Übung, mit der Sie das Gleichgewicht Ihres Pferdes testen und verbessern können. Suchen Sie sich im Gelände einen Punkt, auf den Sie gerade zureiten können. Der anvisierte Gegenstand kann ein Baum, ein Pfahl oder auch ein Tor sein. Er muss nur so auffällig sein, dass Sie sich daran ausrichten können und dass Ihnen jedes kleine Schwanken oder Abweichen von der geraden Linie unangenehm auffällt.
Es hört sich wirklich kinderleicht an, aber das Geradeausreiten ist besonders im Schritt nicht einfach. Gerade im Schritt neigen viele Pferde dazu, von links nach rechts zu schwanken – und der Reiter ist voll damit beschäftigt, gegenzusteuern. Sie werden überrascht sein, wie empfindlich das Gleichgewicht Ihres Pferdes ist. Um sich selbst als Fehlerquelle auszuschließen, kontrollieren Sie sich selbst immer wieder, oder lassen Sie von einem Mitreiter beobachten, ob Sie auch wirklich gerade sitzen.
Beherrscht man das Geradeausreiten, kann man seinem Pferd ganz genau Schritt für Schritt den Weg vorschreiben, was in Gefahrensituationen sehr wichtig sein kann.

Schnurgerade: Frisch gemähte Wiesen eignen sich gut zum Geradeausreiten.

Sicher durchs Nadelöhr: Das Geradeausreiten ist wichtig, damit Sie beispielsweise Engpässe souverän meistern können.

Variationen zum Geradeausreiten

Man kann das Geradeausreiten auf vielerlei Art üben. Auf einem Feldweg mit zwei Radspuren kann man beispielsweise in einer Spur konzentriert geradeaus reiten, dann z. B. durch Schenkelweichen die Spur wechseln und anschließend in der anderen Spur wieder geradeaus reiten. Am schwierigsten ist das Geradeausreiten auf einem solchen Weg, wenn man versucht, genau in der Mitte des Weges zu bleiben. Da das Pferd hier keine seitliche Anlehnung findet, wird es ihm schwerer fallen, geradeaus zu gehen.
Man kann die Lektion aber auch durch eine Volte unterbrechen, z. B. Volte nach links – geradeaus – Volte nach rechts – geradeaus. Besonders schwierig ist das Geradeausreiten auf einer freie Fläche, z. B. einem Stoppelfeld oder einer abgemähten Wiese.

Beispiel für einen leichten Geländeritt

1. Fünf bis zehn Minuten warm reiten
2. Feldweg bergauf: Vorwärts-abwärts traben
3. Feldweg leicht bergab: Im Schritt Schlangenlinien von Wegrand zu Wegrand
4. Abbiegen nach rechts: Am äußeren linken Rand bleiben und die ganze Breite des Weges für eine Volte nutzen; anschließend geradeaus weiterreiten
5. Feldweg steil bergab: Pferd am langen Zügel hinunterklettern lassen
6. Langer, sehr schmaler Feldweg: Ruhig antraben. Wenn das Pferd taktmäßig läuft, auf der »guten« Hand angaloppieren, wieder zurücknehmen zum Trab, auf der »schlechten« Seite angaloppieren
7. Unwegsames Gelände: Schritt am hingegebenen Zügel
8. Breiter Wiesenstreifen neben dem Feld: Zirkel, Achten, Volten, Kleeblätter erst im Schritt und dann im Trab
9. Pause: Im Schritt am langen Zügel entspannen lassen
10. Schmaler Waldweg – Boden eben und weich: Antraben und erst zum Schritt und dann zum Halt durchparieren; wieder antraben
11. Durchparieren zum Halt; rückwärtsrichten und daraus wieder antraben (dabei vor allem auf gleichmäßigen Takt und Losgelassenheit achten)
12. Pause: Im Schritt am langen Zügel entspannen lassen
13. Feldweg sacht bergauf: Vorwärts-abwärts traben
14. Pferd am hingegebenen Zügel nach Hause gehen lassen

Lassen Sie Ihrer Fantasie freien Lauf, und bauen Sie die verschiedensten Geländestrukturen in Ihr Training ein! In flachen Bächen lernen die Pferde z. B., sich konzentriert und gezielt Schritt für Schritt zu bewegen.

GELÄNDEGYMNASTIK FÜR FORTGESCHRITTENE

Freiluft-Gymnastik: Die meisten gymnastizierenden Lektionen kann man auch ohne Reitplatz oder -halle gut üben.

Die Biegungen – Zirkel, Volten, Schlangenlinien

Wo soll ich das denn hier draußen machen?

Normalerweise reitet man im Gelände hauptsächlich geradeaus. Welche Möglichkeiten haben Sie also, Ihr Pferd beim Ausreiten zu biegen?
Das Reiten von Zirkeln ist im Gelände aus zwei Gründen sehr schwierig. Zunächst einmal braucht man dafür einen großen, ebenen Platz, auf dem man reiten darf – und solche Flächen findet man in Wald, Feld oder Flur selten. Hat man Glück und kann Stoppelfelder, Wiesen oder Brachen nutzen, steht man vor dem Problem, dass man im freien Feld keine äußere Begrenzung hat. Man sollte sich möglichst mit ein paar einfachen Markierungen behelfen, z. B. ein paar Ästen, oder sich die Zirkelpunkte mit dem Stiefelabsatz deutlich auf den Boden zeichnen.
Für Volten bieten sich breite Weggabelungen an. Außerdem kann man Pfützen, größere Wurzeln und Baumstümpfe als Mittelpunkte für Volten nutzen. Auf etwas größeren freien Flächen kann man aus Volten »Kleeblätter« formen.
Da es nicht immer einfach ist, einen passenden Platz zu finden, sollte man auch die Kurven der Reitwege nutzen, um sein Pferd zu biegen. Baumreihen im Wald bieten sich besonders für das Reiten von Schlangenlinien an. Man sollte aber darauf achten, dass der Boden nicht zu weich ist und dass das Pferd mit seinen Hufen nicht die Baumwurzeln beschädigt.

Der Pferdefuß beim Kringelreiten

Beim Reiten durch eine Wendung kann das Pferd sich entweder mit der oder gegen die Bewegungsrichtung biegen, oder es kann einfach gerade bleiben.
Die biegenden Lektionen dienen nur dann der Gymnastizierung, wenn das Pferd sich der Größe des Kreises entsprechend biegt. Das heißt: Je kleiner der Kreis, desto stärker die Biegung. Wenn das Pferd sich nicht biegt, besteht die Gefahr, dass es das Gleichgewicht verliert. Um sich aus-

Taktvoll biegen

Beim Fordern von Schlangenlinien auf breiten Wegen sollte man sehr langsam und konzentriert reiten, damit das Pferd sich auch wirklich gleichmäßig in die jeweils gewünschte Richtung biegt. Achten Sie dabei besonders auf den Takt! Die meisten Pferde versuchen während der Biegung das Tempo zu verzögern. Prägen Sie sich den Rhythmus Ihres Pferdes beim Geradeausreiten ein, und versuchen Sie diesen Takt auch während der Biegung aufrechtzuerhalten.

zubalancieren, ohne sich zu biegen, legen sich viele Pferde in die Wendung hinein. Das ist für Pferd und Reiter sehr unangenehm und kann im Extremfall sogar zum Sturz führen.
Die Biegung sollte gleichmäßig durch den ganzen Körper gehen, damit sie sich nicht störend auf den Takt auswirkt. Doch viele Pferde fallen mit der Schulter oder der Hinterhand aus, driften also von der Kreislinie ab, um die Biegung zu vermeiden.
Ich habe einmal eine Islandstute geritten, die so steif war, dass es ihr nicht möglich war, im Schritt rechtsherum auf einem Zirkel zu gehen. Sobald man sie nur nach rechts abwendete, fing sie an zu steigen. Steifheit ist oft eine Ursache von Widersetzlichkeit, wie z. B. Steigen, Bocken oder Durchgehen, da jede Muskelanstrengung für ein steifes Pferd zunächst schmerzhaft ist.
Wenn wir Menschen Sport treiben, überwinden wir unseren inneren Schweinehund nach einem kräftigen Muskelkater oft nur deshalb, weil wir das Ziel kennen und wissen, dass die Schmerzen durch entsprechendes Training vorübergehen. Leider ist das Pferd nicht in der Lage, solche Zusammenhänge zu erkennen, und kann daher seine Steifheit nicht aus eigenem Antrieb überwinden. Deshalb ist es unsere Aufgabe, die Tiere so weit wie möglich zu fördern, ohne sie dabei zu überfordern – was gerade beim Biegen von steifen Pferden zu einer Gratwanderung werden kann.

Die Hilfen für die Biegung

Um ein Pferd zu biegen, muss man alle Hilfen gut aufeinander abstimmen. Die Intensität der Hilfengebung hängt dabei vom Ausbildungsstand und von der Willigkeit des jeweiligen Pferdes ab.
In der Biegung liegt der innere Schenkel normalerweise auf Höhe des Sattelgurts an und sorgt dafür, dass das Pferd vorwärts geht, sich biegt und nicht zu weit in die Biegung hineinläuft. Im Ausnahmefall, wenn das innere Hinterbein gezielt aktiviert oder mehr vorwärts getrieben werden muss, darf der innere Schenkel auch ein bisschen weiter nach hinten gelegt werden. Unabhängig davon, wo Sie Ihren inneren Schenkel einsetzen, ist es wichtig, dass Sie taktmäßig treiben und das Loslassen nicht vergessen. Wenn Sie den Schenkel anpressen, wird Ihr Pferd sich nur steif machen, um dem Druck zu widerstehen. Manche Pferde versuchen dann sogar, sich gegen den Schenkel zu lehnen, was im Extremfall dazu führen kann, dass sie sich zur falschen Seite biegen.
Der äußere Schenkel liegt im Normalfall etwas hinter dem Gurt und hält die Hinterhand auf der Biegungslinie. Er muss ruhig und konstant Anlehnung halten und darf erst dann aktiv werden, wenn der Schwung verloren geht oder wenn das Pferd mit der Hinterhand nach außen auszufallen droht.
Der äußere Zügel begrenzt den Grad der Biegung. Je weiter er nachgibt, umso kleiner wird die Wendung. Lässt man den äußeren Zügel zu

Roundpen-Ersatz: Runde Waldlichtungen eignen sich gut zum Üben von Zirkeln und Volten.

lang, so kann das Pferd über die äußere Schulter ausfallen. Deshalb muss der Reiter auch über den äußeren Zügel einen gleichmäßigen Kontakt zum Pferdemaul halten, ohne dabei zu fest zu werden.

Der innere Zügel hilft dem inneren Schenkel bei der Biegung und Innenstellung. Er darf das Pferd leicht in die Wendung hineinführen. Wirkt der Reiter mit dem inneren Zügel zu stark ein, so kann das Pferd zu weit gebogen werden, aus dem Gleichgewicht kommen oder anfangen, sich gegen den Zügel zu stemmen.

Sie haben Ihr Ziel erreicht, wenn Sie Ihr Pferd mit dem inneren Schenkel biegen und am äußeren Zügel führen können, ohne dass es mit der Schulter oder mit der Hinterhand ausfällt.

Egal, wie gefühlvoll ein Reiter sein Pferd in die Wendung hineinführt – es wird fast immer versuchen, das Tempo zu verschleppen und mit den Hinterbeinen weniger weit vorzugreifen. Es wird mit dem inneren Hinterbein kürzer treten wollen, weil es durch das Absenken der inneren Rückenpartie verstärkt mit dem Reitergewicht belastet wird.
Deshalb müssen die Schenkel sorgsam darauf achten, dass der Schwung erhalten bleibt. Konzentrieren Sie sich auch darauf, dass Sie mit den Zügeln nicht bremsend einwirken. Sollte Ihr Pferd in der Volte an Takt und Schwung verlieren, reiten Sie zunächst etwas größere Kreise.
Konzentriert man sich auf die einzelnen Hilfen, so verliert man leicht das Ganze aus dem Blick. Besonders die Gewichtshilfen geraten oft in Vergessenheit – dabei sind sie von entscheidender Bedeutung. Mit dem Drehsitz (siehe Seite 45) erreicht man eine harmonische, der Biegung angepasste Gewichtsverlagerung nach innen. Außerdem bringt man gleichzeitig Schultern, Hüften und Beine in die richtigen Ausgangspositionen.
Auf lange Sicht fördert das sorgfältige Reiten von Biegungen die Tragkraft und damit auch die Versammlungsfähigkeit des Pferdes.

Das Geraderichten

Besonders beim Reiten von Achten, aber auch bei Zirkeln, Volten und Schlangenlinien ist es wichtig, das Pferd zwischendurch immer wieder geradezurichten. Lassen Sie es nicht von einer Biegung in die andere übergehen, sondern kontrollieren Sie, ob Ihr Pferd nach der Biegung wieder geradegerichtet weiterlaufen kann. Wenn nicht, hat es sich auch in der biegenden Übung nicht richtig losgelassen.
Achten Sie auch darauf, dass Sie mit Ihrem Gewicht nicht einseitig einwirken. Liegt das Gewicht zu sehr auf einer Seite, wird sich das Pferd nicht geraderichten lassen.

Die natürliche Schiefe

Alle Pferde sind von Natur aus mehr oder weniger schief. Die meisten Tiere haben eine »gute« Seite, nach der ihnen die Biegung leichter fällt, und eine, auf der sie sich nur ungern biegen. Die Mehrzahl der Pferde biegt sich lieber nach rechts, weshalb ich in meinen Beispielen von dieser Einseitigkeit ausgehe. Für Pferde, deren Schokoladenseite die linke ist, gelten die folgenden Ausführungen genau seitenverkehrt.
Am einfachsten erkennt man die natürliche Schiefe, wenn man das Pferd an einer geraden Mauer entlangführt. Ist die Mauer links, wird es die beiden Vorderbeine parallel zur Mauer bewegen, während das rechte Hinterbein etwas weiter rechts neben dem Körper aufsetzt. Ein schiefes Pferd tritt also nur mit einem Hinterbein unter den Schwerpunkt, wodurch dieses mehr belastet wird und auch eher verschleißt. Wer sein Pferd möglichst lange gesund erhalten will, muss folglich gegen die natürliche Schiefe angehen.

Natürliche Schiefe: Die meisten Pferde sind in sich nicht gerade.

Natürliche Schiefe und Rittigkeit

Die natürliche Schiefe beeinträchtigt auch die Rittigkeit. Bleiben wir bei einem Pferd, das nach rechts schief ist. Droht es nach links auszubrechen, zu scheuen oder kehrtzumachen, gestattet es ihm seine natürliche Schiefe, sich ganz nach links herumzuwerfen. Da es ihm so leicht fällt, sein Gewicht auf das linke Hinterbein zu verlagern, kann der Reiter nicht viel dagegen tun. Ein geradegerichtetes Pferd könnte er mit dem linken Zügel und Schenkel besser begrenzen und somit leichter zum Stehen bringen. Beim rechts-schiefen Pferd hat der linke, äußere Zügel in dieser Situation fast gar keine Wirkung, und der rechte, innere hat nur eine zusätzlich stellende Funktion.

Die Vorteile des Geraderichtens liegen also auf der Hand. In Krisensituationen können wir ein geradegerichtetes Pferd nach beiden Seiten kontrollieren. Das Pferd ist rittiger, nimmt mit beiden Beinen gleichmäßig Gewicht auf der Hinterhand auf und kann so den Schub voll entwickeln, wodurch es letztlich auch länger gesund bleibt.

Probleme mit der Schiefe

Am unangenehmsten fällt dem unerfahrenen Reiter die Schiefe in den Wendungen auf. Die Volten nach rechts klappen wunderbar, aber auf der anderen Seite versucht das Pferd, der Biegung auszuweichen, indem es über die Schulter nach innen fällt oder nach außen wegdrängt. Während junge Pferde der direkten Zügeleinwirkung auf ihrer guten Seite problemlos nachgeben, setzen sie der Zügelhilfe auf ihrer schlechten Seite Widerstand entgegen, indem sie zwar die Nase in diese Richtung nehmen, sich aber in der Ganasche oder im gesamten Hals fest machen und so versuchen, mit dem Körper in die andere Richtung gebogen zu bleiben. Nimmt ein Reiter bei einem rechts gebogenen Pferd die Zügel gleichmäßig auf, wird er in der linken Hand deutlich mehr Gewicht spüren, das in Linkskurven noch merklich zunimmt. Wenn man nun versucht, die Last mit Spielen am Zügel zu verringern, ist man leider auf dem falschen Weg. Man kann die Schiefe nicht mit Zügeleinwirkungen reduzieren, sondern muss an der Hinterhand ansetzen.

Geraderichten – aber wie?

Viele Reiter sind der Meinung, man sollte ein Pferd von Anfang an gleichmäßig nach beiden Seiten biegen. Manche bearbeiten sogar die schlechte Seite besonders intensiv, was leicht dazu führen kann, dass sich bereits bestehende Verspannungen in der Halsmuskulatur noch verstärken. Ohne entsprechende Vorbereitung darf man auf der schlechten Seite nur wenig Biegung verlangen. Da ein rechts ausgerichtetes Pferd bei Biegungen nach links weder dem linken Zügel elastisch nachgeben noch an den rechten vermehrt herantreten kann, reagiert es zunächst mit Widerstand. Auch die Rückentätigkeit wird negativ beeinflusst, und das Pferd verliert den Schwung aus der Hinterhand. Treibt der Reiter daraufhin energisch vor-

Der Trick mit dem Bügel

Oft tritt man bei einem rechts gebogenen Pferd unwillkürlich den rechten Bügel stärker aus und verschiebt damit auch den Sattel leicht nach rechts. Manche Reiter versuchen die Schiefe auszugleichen, indem sie den Bügelriemen auf dieser Seite ein Loch länger schnallen. Zwar kann man nun wieder in der Mitte des Pferderückens sitzen, aber um die unterschiedliche Bügellänge auszugleichen, muss man in der Hüfte einknicken und gewöhnt sich einen schiefen Sitz an, der die Schiefe des Pferdes noch verstärkt. Tritt man jedoch den linken Bügel mehr aus und belastet diese Seite dadurch stärker, ist schon ein großer Schritt zur Reduzierung der natürlichen Schiefe getan.

wärts, versucht das Pferd, die schmerzende Seite zu schonen, indem es sich festmacht.
Das Verfahren, auch das noch wenig ausgebildete Pferd von Anfang an auf beiden Händen gleichmäßig zu biegen und zu stellen, verwandelt oft selbst elastische Pferde in Steiftiere. Die Verspannung behindert dann die ganze weitere Ausbildung. Je intensiver man versucht, die Verspannungen so zu lösen, umso größer werden sie.
Obwohl das Geraderichten sehr wichtig ist, darf man die Schiefe seines Pferdes also nicht mit Gewalt bekämpfen. Im Zweifelsfall ist es wichtiger, die Losgelassenheit und die Rückentätigkeit zu erhalten, indem man seinen Sitz und seine Hilfen an die Schiefe anpasst. Stellt man das Pferd seiner Schiefe entsprechend ein, tritt es auch auf seiner schlechten Seite an den Zügel heran. Gestattet der Reiter dem jungen Pferd zunächst seine natürliche Biegung, wird es weich auf beide Zügel reagieren. Erst wenn das Pferd losgelassen, schwungvoll und taktmäßig, mit leichter Anlehnung und guter Rückentätigkeit geht, kann man anfangen, an der Geraderichtung zu arbeiten.
Die natürliche Schiefe sitzt aber nicht nur in der Halsmuskulatur, sondern betrifft den ganzen Körper. Das Pferd drängt in der natürlichen Schiefe nicht nur mit den Rippen nach links, sondern auch mit der Hinterhand. Dann tritt das rechte Hinterbein unter den Körper, während das linke daneben fußt. Viele Pferde nehmen deshalb den linken Schenkel nur sehr zögernd an.
Um der Schiefe entgegenzuwirken, sind die Seitengänge sehr hilfreich. So kann z. B. das Schenkelweichen (siehe Seite 113) das Pferd zunächst sensibler für die Schenkelhilfen machen und später die natürliche Schiefe durch Gymnastizierung und ein verbessertes Körpergefühl allmählich abbauen. Fortgeschrittene Reiter können z. B. bei der Erarbeitung des Schulterherein (siehe Seite 117) unter anderem lernen, die Vorhand zu kontrollieren und sie so auch auf der Geraden vor die Hinterhand zu bringen.

Die Lockerung der Halsmuskeln

Hat man ein Pferd, das im Hals so fest ist, dass es den Körper mitdreht, wenn es sich nur umschauen möchte, sollte man die Halsmuskulatur zunächst vom Boden aus lockern und biegsamer machen. Hierzu stellt man sich an die Schulter des Pferdes und greift mit einer Hand in das Nasenteil des Halfters. Dann zieht man den Kopf vorsichtig zu sich herum. Man sollte mit der besseren Seite beginnen und immer nur so weit biegen, bis das Pferd Widerstand bietet. Die Flexibilität in diesem Bereich sollte man dann vor jedem Ritt kontrollieren.

Schiefe und Versammlung

Je weniger ein Pferd versammelt wird, umso weniger macht sich die Schiefe für den Reiter bemerkbar. Reitet man mit hingegebenen Zügeln, bekommt man von der Schiefe fast gar nichts mit. Wird ein Pferd in Vorwärts-Abwärts-Dehnung geritten, wird seine Schiefe nicht besonders auffallen, weil die Muskeln auf beiden Seiten gedehnt werden.

Versucht man aber, ein schiefes Pferd beizuzäumen, ohne auf die Schiefe Rücksicht zu nehmen, werden sich die Schwierigkeiten auf der guten Seite in Grenzen halten, während diese Haltung dem Pferd auf der schlechten Seite Schmerzen bereitet. Der Reiter muss den Grad der Versammlung also besonders bei der Biegung und in den Seitengängen auf die Möglichkeiten seines Pferdes abstimmen.

Ein solide gearbeitetes Pferd, das über die Vorwärts-Abwärts-Dehnung langsam an die Versammlung herangeführt wurde, wird in der Regel seine natürliche Schiefe mit der Zeit überwinden und keine großen Probleme damit bekommen. Wird das Pferd dagegen in die Beizäumung gezwungen, wird es versuchen, sich über seine Schiefe den überhöhten Anforderungen zu entziehen.

Deshalb müssen gerade bei jungen Pferden die Paraden sehr gut vorbereitet und behutsam ausgeführt werden. Je vorsichtiger wir vorgehen, umso mehr Möglichkeiten haben wir, das Tier gerade zu halten und ein Ausweichen der Hinterhand zu verhindern.

Seitengänge und Wendungen

Seitengänge kann man auch im Gelände gut reiten, weil man dafür nicht viel Platz braucht. Schulterherein und Travers kann man auf fast jedem Weg üben. Bevor Sie sich daran machen, von Ihrem Pferd Seitengänge zu fordern, sollten Sie sich aber unbedingt auf einem gut ausgebildeten Pferd mit diesen Übungen und der dazugehörigen Hilfengebung vertraut gemacht haben.

Schenkelweichen

Bevor Sie an diese Lektion herangehen, sollten Sie Ihr Pferd auf jeden Fall gründlich aufgewärmt, gelöst und gebogen haben. Suchen Sie sich im Gelände eine längere, feste Begrenzung wie z. B. eine Mauer oder eine Hecke. Wenn Ihr Ross sich leichter nach links biegt, sollten Sie den Zaun auf der linken Seite haben.

Bereiten Sie das Schenkelweichen vor, indem Sie Ihr Pferd langsam, aber gleichmäßig Schritt gehen lassen. Der Schrittrhythmus sollte auch im Schenkelweichen erhalten bleiben. Treiben Sie nun verstärkt taktmäßig mit dem linken Schenkel die Hinterhand nach rechts, bis das Pferd im spitzen Winkel zur Begrenzung steht. Stellen Sie das Pferd mit dem linken Zügel leicht nach links, und leiten Sie so das Vorwärts-Seitwärtstreten ein. Treiben Sie das Pferd im Rhythmus seiner Bewegungen mit dem linken Schenkel

Das Schenkelweichen kann man am besten an Hecken, Mauern oder Zäunen üben.

nach rechts. Der rechte Schenkel liegt etwas hinter dem Gurt und verhindert, dass die Hinterhand zu weit herumkommt. Der rechte Zügel ist dafür zuständig, dass das Pferd sich im Hals nicht zu weit biegt oder, über die Schulter ausfallend, einfach geradeaus weiterläuft.
Denken Sie auch beim Schenkelweichen immer daran, vorwärts zu reiten und möglichst den Takt zu erhalten. Gibt das Pferd dem linken Schenkel zu sehr nach und stellt sich quer zur Bewegungsrichtung, reiten Sie erst einmal wieder ein Stück geradeaus und beginnen dann erneut. Ist Ihr Vierbeiner ein paar Schritte vorwärts-seitwärts getreten und hat er die Vorder- und die Hinterbeine dabei gleichmäßig über Kreuz gesetzt, so sollten Sie ihn loben, ihn wieder geraderichten und vorwärts

reiten. Fordern Sie zunächst nur wenige Tritte Schenkelweichen, bis Ihr Pferd mit dieser Form der Bewegung vertraut ist.

Vor- und Hinterhandwendung

Bevor man an Vor- oder Hinterhandwendungen herangeht, sollte das Pferd den seitwärts treibenden Schenkel schon kennen und zumindest das Schenkelweichen beherrschen. Sie sollten der Versuchung widerstehen, die Vor- und Hinterhandwendung aus dem Stand zu üben. Dies ist zwar aus Koordinationsgründen für Ross und Reiter einfacher, hat aber den Nachteil, dass das Pferd meist den inneren Vorder- bzw. Hinterhuf stehen lässt und sich nur in den Gelenken mitdreht, wobei es sich selbst schadet. Deshalb sollte man versuchen, die Vor- und Hinterhandwendung lieber aus dem verkürzten Schritt zu entwickeln.

Die Vorhandwendung

Die Vorhandwendung dient nicht direkt der Versammlung oder der Gymnastizierung, sondern in erster Linie der Kontrolle des Schenkelgehorsams und der Durchlässigkeit. Für den Geländereiter ist diese Übung sehr praktisch, weil er mit Hilfe der Vorhandwendung wunderbar vom Sattel aus Tore öffnen und wieder schließen kann. Die Hinterbeine beschreiben dabei einen Halbkreis und treten über Kreuz um die Vorhand herum, während die Vorhand einen möglichst kleinen Kreis beschreibt und später fast auf der Stelle tritt. Der Bewegungsradius der Vorhand darf am Anfang ruhig ein wenig größer sein, solange das innere Vorderbein den Takt gut hält. Sie sollten dies zu Beginn von einem anderen Reiter kontrollieren lassen, damit Sie ein Gespür dafür bekommen, wie sich die richtige Bewegung anfühlt. Erst später versuchen Sie zu erreichen, dass die Vorhand taktmäßig möglichst auf der Stelle tritt. Wollen Sie z. B. eine Vorhandwendung nach rechts reiten, verkürzen Sie den Schritt und stellen Ihr Pferd nach links. Das Gewicht bleibt ebenfalls auf der linken Seite, und nun drücken Sie die Hinterhand mit dem linken Schenkel im Takt der Bewegung um das linke Vorderbein herum. Rechter Zügel und rechter Schenkel wachen darüber, dass das Pferd nicht nach rechts wegläuft. Gerade beim Einüben der Lektion kann eine seitliche Begrenzung, wie z. B. eine Hecke oder eine Mauer, sehr hilfreich sein. Sie sollten aber so viel Abstand halten, dass Sie, sollte Ihr Pferd das innere Vorderbein stehen lassen, wieder vorwärts reiten können. Behalten Sie den Gedanken ans Vorwärtsreiten immer im Hinterkopf.

Die Hinterhandwendung

Im Gegensatz zur Vorhandwendung kann man mit der Hinterhandwendung auch die Versammlung fördern. Hier ist es ebenfalls wichtig, dass die Vorwärtsbewegung erhalten bleibt, bis das Pferd einen Halbkreis von 180 Grad beschrieben hat. Deshalb sollten Sie auch die Hinterhandwendung aus dem langsamen Schritt heraus üben.

Bei der Hinterhandwendung tritt das Pferd mit den Vorderbeinen über Kreuz um die Hinterhand herum.

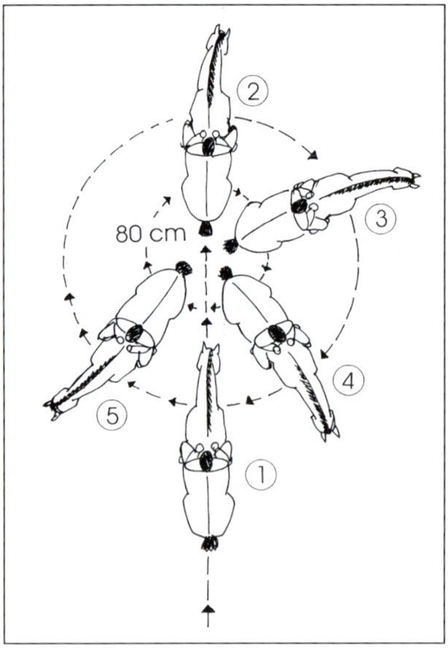

Schrittpirouette

Wenn Sie an einer Begrenzung üben, sollten Sie ca. eineinhalb Meter Abstand halten. Verkürzen Sie den Schritt Ihres Pferdes, und leiten Sie eine Kehrtvolte von der Begrenzung weg ein. Nach dem ersten Viertel versuchen Sie die Kehrtvolte noch zu verkleinern, indem sie die Innenstellung beibehalten und für einen kleinen Moment beide Zügel annehmen, anschließend aber verstärkt mit dem Außenschenkel treiben. Dabei sollte Ihr Gewicht auf der inneren Seite liegen und der innere Zügel weiterhin die Innenstellung erhalten. Das Pferd sollte nun mit den Vorderbeinen über Kreuz um die Hinterhand herumtreten.

Wenn Ihr Pferd dazu neigt, sich einfach auf der Hinterhand herumzuwerfen, sollten Sie es sofort wieder vorwärts reiten. Nach ein paar Schritten nimmt man das Ross wieder zurück und vollendet die Wendung. Die Hinterhandwendung verbessert Takt, Gleichgewicht und Gehorsam.
Wenn die Lektion wirklich gut sitzt, kann man sie zu einer Schrittpirouette ausbauen. Dabei beschreibt die Vorhand einen Kreis von 360 Grad um die Hinterhand. Hierbei darf der Bewegungsradius der Hinterbeine einen Durchmesser von 80 cm haben.

Schulterherein

Fürs Schulterherein bieten sich ebene, gerade Wege mit seitlicher Begrenzung (Hecke, Zaun, Mauer) an. Die Hinterbeine sollen dabei parallel zur Mauer gesetzt werden, während man die Vorhand des Pferdes von der Begrenzung weg nach innen führt. Das Pferd soll dabei mit den Vorderbeinen so weit von der Begrenzung weg treten, dass das äußere Vorderbein auf der gleichen Linie auffußt wie das innere Hinterbein. Bei dieser Variante des Schulterherein hinterlassen die vier Hufe des Pferdes also nur drei Hufspuren. Möchte man stärker an der Biegung arbeiten, kann man das Pferd auch weiter abstellen und es auf vier Hufschlägen vorwärts-seitwärts treten lassen (siehe Zeichnung).
Das Schulterherein leiten Sie ein, indem Sie das Pferd nach innen (also von der Begrenzung weg) biegen und einen Moment lang so tun, als wollten Sie schräg von der Begrenzung weg-

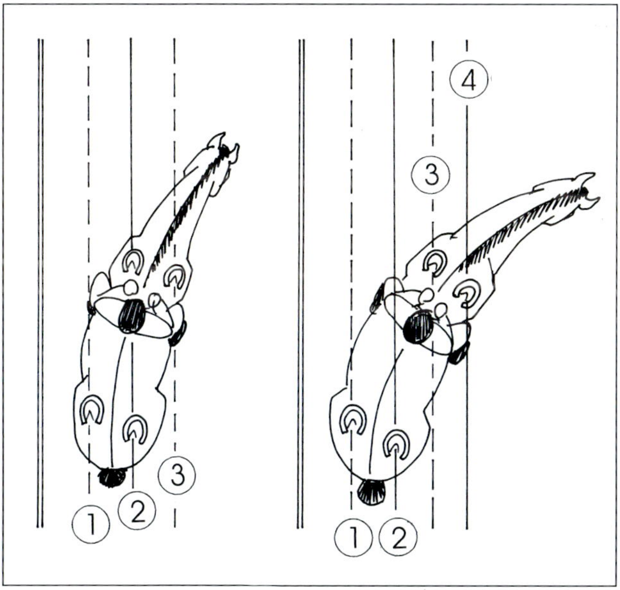

Schulterherein auf drei und vier Hufschlägen

reiten. Sie sitzen nach innen, Ihr innerer Schenkel liegt am Gurt und fordert das Pferd auf, die Biegung beizubehalten und vorwärts-seitwärts zu treten. Der äußere Zügel begrenzt das Pferd, sodass es nicht abwendet, während der innere Zügel die Stellung aufrechterhält. Der äußere Schenkel liegt hinter dem Gurt und kontrolliert die Hinterhand.

Das Schulterherein verbessert den Schenkelgehorsam des Pferdes; das Ross wird sich leichter lösen und, mit ein bisschen Übung, auch leichter versammeln lassen.

Travers

Der Travers ist das Gegenstück zum Schulterherein. Hierbei wird nicht die Vor-, sondern die Hinterhand nach innen verschoben, wobei das Pferd in die Bewegungsrichtung gebogen ist und mit den Vorder- und Hinterbeinen über Kreuz auf vier Spuren vorwärts-seitwärts tritt. Das Pferd wird mit dem äußeren Schenkel um den inneren herum gebogen. Der äußere Schenkel liegt hinter dem Gurt und animiert das äußere Hinterbein, von der Begrenzung weg vermehrt unter den Pferde-

Für Fortgeschrittene: Bei der Traversale ist das Pferd in die Bewegungsrichtung gebogen.

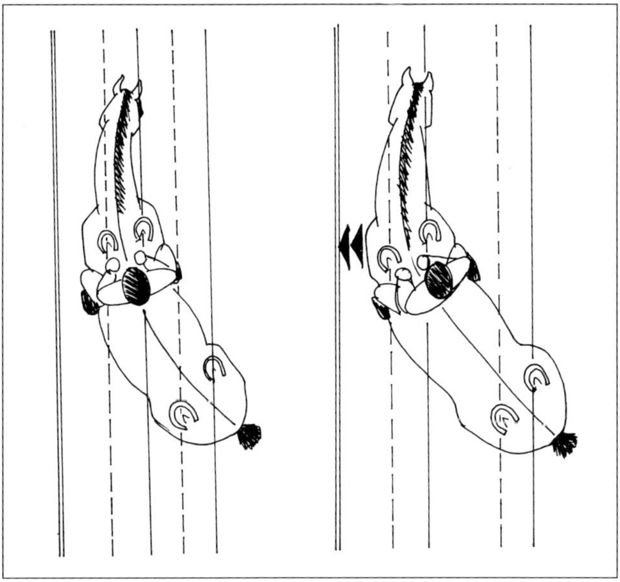

Links: Korrekter Travers Rechts: Fehlen die Einwirkungen von äußerem Schenkel und Zügel, so bricht das Pferd über die Schulter aus.

körper zu treten. Das Pferd sollte etwa in einem 45-Grad-Winkel von der Begrenzung abgestellt sein. Der innere Schenkel am Gurt muss dabei den Schwung nach vorn und die Biegung erhalten. Der innere Zügel ist ebenfalls für die Biegung zuständig, während der äußere Zügel den Raumgriff begrenzt. Das Reitergewicht sollte auch hier innen liegen.
Bevor man anfängt, den Travers zu üben, sollte das Pferd auf jeden Fall das Schulterherein sicher beherrschen.
Mit gut gymnastizierten Pferden kann man vom Travers auch zur Traversale übergehen. Dabei ist das Pferd ebenfalls in die Bewegungsrichtung gebogen und tritt mit den Vorder- und Hinterbeinen über Kreuz vorwärts-seitwärts. Traversalen reitet man allerdings nicht an einer Begrenzung entlang. Für diese Lektion bieten sich z. B. breite Feldwege an, auf denen man das Pferd von einer Wegseite zur anderen traversieren lassen kann. Wenn die Traversalen im Schritt gut klappen, kann man sie auch im Trab üben. An Galopptraversalen sollten sich nur sehr gute Reiter heranwagen.
Schulterherein, Travers und Traversalen sind anspruchsvolle Lektionen, die sich sehr gut zur Gymnastizierung eignen. Da die Hilfengebung für diese Übungen aber schon sehr fein sein muss, sollten Sie Schulterherein, Travers und Traversalen unbedingt unter Anleitung eines erfahrenen Reiters erlernen, bevor Sie sich daran machen, diese Lektionen im Gelände von Ihrem Pferd zu fordern.

Vielseitigkeit statt Langeweile: Auch wenn man solchen »Mördergruben« im Gelände normalerweise ausweichen kann, sollte man sein Pferd vorsichtshalber damit vertraut machen.

Beispiel für einen anspruchsvollen Geländeritt

1. Fünf bis zehn Minuten warm reiten im Schritt
2. Feldweg bergauf: Aus dem Schritt locker angaloppieren, dabei vorwärts-abwärts reiten
3. Feldweg leicht bergab: Schlangenlinien von Wegrand zu Wegrand
4. Ebener Feldweg, Abbiegen nach links: Am äußeren rechten Rand der Wegkreuzung bleiben und die ganze Breite des Weges für eine Linksvolte nutzen; wieder am Ausgangspunkt angekommen, Hinterhandwendung nach links und dann im Schritt geradeaus.
5. Feldweg steil bergab: Pferd am langen Zügel hinunterklettern lassen
6. Engpass (z. B. Hecke oder Pfostenreihe): Pferd frühzeitig an die Hilfen stellen und Schenkelweichen üben, damit das Ross genau auf den schmalen Streifen gelotst werden kann
7. Baumreihe am Wegrand: Schlangenlinien
8. Langer, sehr schmaler Feldweg: Ruhig antraben. Wenn das Pferd taktmäßig läuft, Tempo verstärken und wieder zurücknehmen; anschließend auf der »schlechten« Hand angaloppieren und 20 bis 30 m galoppieren lassen; durchparieren zum Halten
9. Schaukel und anschließend aus dem Stand auf der »guten« Hand angaloppieren
10. Unwegsames Gelände: Schritt am hingegebenen Zügel
11. Breiter Wiesenstreifen neben dem Feld: Versammelt antraben, Zirkel, Zirkel verkleinern und vergrößern, durch den Zirkel wechseln, Zirkel verkleinern und vergrößern; bei höherem Ausbildungsstand: Schulterherein oder Travers auf dem Zirkel
12. Pause: Im Schritt am langen Zügel entspannen lassen
13. Zügel wieder aufnehmen, angaloppieren und nach Möglichkeit Galoppvolten einfließen lassen; durchparieren zum Schritt und angaloppieren auf der anderen Hand, Galoppvolten
14. Pause: Im Schritt am langen Zügel entspannen lassen
15. Gut einsehbarer, ruhiger Weg: Vorhandwendung, rückwärts um die Kurve, Hinterhandwendung, geradeaus
16. Steiler Hang: Langsam hinunterklettern
17. Feldweg sacht bergauf: Vorwärts-abwärts traben
18. Pferd am hingegebenen Zügel nach Hause gehen lassen

JEDES PFERD IST ANDERS ...

Jedes Pferd ist anders ...

Durch richtige Gymnastizierung können Sie viele Gebäudemängel Ihres Pferdes ausgleichen. Sehen Sie sich Ihr Ross also genau an!

Nur wenige Reiter haben das Glück, ein junges, unverdorbenes und gut gebautes Pferd zu einem zuverlässigen, sensiblen und gut gymnastizierten Geländepferd ausbilden zu dürfen.
Deshalb möchte ich Ihnen in diesem Kapitel einige Anregungen geben, wie Sie die körperlichen Stärken und Schwächen Ihres Pferdes einschätzen und das Training danach ausrichten können. Das Erkennen von Defiziten ist notwendig, damit man dem Pferd nicht Leistungen abfordert, die es nicht erbringen kann. Deshalb ist es so wichtig, dass sich der Reiter sein Pferd im Stand, in der Bewegung und unter dem Sattel genau anschaut und eine Bestandsaufnahme macht.
Viele Reiter können mit den Gebäudemängeln ihrer Pferde nur schlecht umgehen und machen sie für Schwierigkeiten beim Reiten verantwortlich: »Mein Pferd hat eine schlecht gewinkelte Hinterhand, einen zu langen Rücken usw., deshalb kann es dies oder jenes nicht lernen.«
Man darf sich jedoch bei der Beurteilung eines Pferdes nicht an den Mängeln festgucken. Die Pferde können die meisten Defizite ausgleichen, wenn das Training richtig darauf abgestimmt wird.

Das Gesicht Ihres Pferdes verrät Ihnen viel über seinen Charakter.

Kopf, Hals und Rücken

Der Kopf

Schauen Sie Ihrem Pferd einmal genau ins Gesicht. Aus dem Gesichtsausdruck lässt sich bereits einiges über den allgemeinen Charakter und die Laune des Pferdes ablesen. Ein angespanntes Kinn kann beispielsweise darauf hindeuten, dass das Pferd gerade ängstlich oder bockig ist, während das Kinn beim entspannten Dösen oft ganz schlapp herunterhängt. Bilden sich Falten über den Nüstern, kann das ein Hinweis auf Unwohlsein, Ärger oder Schmerzen sein. Eine lange Maulspalte deutet auf ein empfindliches Maul hin, während Pferde mit kurzen Maulspalten eher etwas weniger sensibel im Maul sind.

Ein Blick in die Augen verrät ebenfalls einiges über den Charakter. Sind die Augen groß, offen und rund, hat man es in der Regel mit einem aufmerksamen, intelligenten Tier zu tun. Kleine, halb geschlossene Augen lassen dagegen auf einen etwas dickfelligeren, vielleicht nicht ganz leicht lernenden Typen schließen. Pferden, deren Augen viel Weiß um die Pupille herum sehen lassen, sagt man nach, dass sie schwierig seien – wobei dieses Merkmal bei einigen Rassen wie etwa den Appaloosas rassetypisch ist und hier nichts über den Charakter aussagt.
Auch der Anzahl der Wirbel im Gesicht messen manche Fachleute eine große Bedeutung bei: Ein einzelner Wirbel zwischen oder über den Augen soll auf einen eher schlichten Zeitgenossen schließen lassen, während mehrere Wirbel auf einen eher komplizierten Charakter hindeuten sollen. Die bekannte Pferdetrainerin und Tiertherapeutin Linda Tellington-Jones beschreibt in ihren Büchern sehr eindrucksvoll, wie man anhand der Kopfform und vieler anderer äußerlicher Merkmale Rückschlüsse auf den Charakter eines Pferdes ziehen kann. Doch das Bild, das man sich vom Charakter eines Pferdes macht, setzt sich natürlich aus vielen verschiedenen Merkmalen zusammen. Man braucht schon eine Menge Erfahrung, um wirklich treffende Schlüsse ziehen zu können.
Außerdem kann sich der Ausdruck eines Pferdes sehr schnell ändern: Ein auffliegender Vogel kann aus einem mit halb geschlossenen Lidern dahinschlurfenden Pferd ganz plötzlich einen heißen Renner mit weit aufgerissenen Augen machen.
Auch im Lauf der Ausbildung kann sich der Gesichtsausdruck positiv oder negativ verändern. Während ein gut gearbeitetes Pferd mit der Zeit entspannter und selbstbewusster wird, kann z. B. eine lange Maulspalte auch durch die harte Hand des Reiters unsensibel werden. Man sollte sich also davor hüten, aufgrund einiger weniger Merkmale den Charakter eines Pferdes festzulegen. Aber es ist hilfreich, das Pferd immer wieder genau zu beobachten. Denn ein aufmerksamer Blick ins Gesicht unseres Vierbeiners kann uns viel über seine Laune und sein Befinden verraten.

Der Hals

Auch wenn der Reiter nicht auf dem Hals sitzt, ist dieser Körperteil für ihn nicht unwichtig. Der Hals kann tief oder hoch angesetzt sein. Der erste Brustwirbel ist der tiefste Punkt der Wirbelsäule, an den sich die Halswirbel anschließen. Sitzt dieser erste Brustwirbel sehr tief, ist logischerweise auch der Hals tief angesetzt. Dabei muss das Pferd nicht unbedingt überbaut (also hinten höher als vorne) sein, denn ein hoher Widerrist kann den tief angesetzten Hals gut ausgleichen. Manchmal ist auch eine Art Kerbe zwischen Hals und Widerrist zu sehen. Kommt zu dem tief angesetzten Hals noch eine lange und steile Schulter hinzu, wird das Pferd Probleme haben, sein Gewicht auf die Hinterhand zu verlagern.

Wie sehr sich diese Pferde nicht nur vom Hals, sondern auch vom ganzen Bewegungsablauf her unterscheiden, ist offensichtlich. Klar, dass die beiden Rösser auch verschiedene Gymnastikpläne brauchen!

Pferde mit kurzem Hals

Pferde mit kurzem Hals sollten durch biegende Übungen gelockert werden, weil sie oft sehr fest im Hals sind. Bei jungen oder sehr steifen Pferden ist es sinnvoll, mit dem Biegen des Halses vom Boden aus zu beginnen, z. B. mit dem Herumnehmen des Kopfes am Zügel oder Halfterstrick oder dem so genannten »Steigbügel-küssen-lassen«, bei dem das Pferd die Nase bis zum Steigbügel nach hinten nimmt.
Unterm Sattel ist das Reiten von Achten besonders zu empfehlen, weil sich bei jedem Umstellen die Halsmuskeln wechselseitig an- und entspannen.

Bei langen Hälsen besteht die Gefahr, dass sie, wenn sie noch dazu tief angesetzt sind, zu viel Gewicht nach vorn bringen. Ein nicht zu hoch und nicht zu tief angesetzter und richtig proportionierter Hals erleichtert dem Reiter die richtige Gymnastizierung um einiges.
Kurze Hälse werden häufig als weniger schön empfunden, bereiten aber auch weniger Probleme als oft angenommen. Pferde mit kurzen Hälsen brauchen weniger Aufrichtung, weil sie von Natur aus nicht so viel Gewicht nach vorne verlagern. Bei kurzen, dicken Hälsen muss man allerdings aufpassen, dass durch die Beizäumung die Ganaschen und damit die Atemwege nicht eingeengt werden.
Beinahe noch wichtiger als die Länge und Höhe ist die Bemuskelung des Halses. Hat das Pferd einen Unterhals, also eine ausgeprägte Unterhalsmuskulatur, oder sind die Muskeln an der richtigen Stelle, nämlich im oberen Halsbereich, stärker entwickelt? Die Halsmuskeln sind wichtige Indikatoren dafür, ob ein Pferd solide geritten ist oder nicht, da sie nicht durch ein spezielles Training, sondern nur durch korrektes Reiten richtig ausgebildet werden können.

Der Rücken

Mit dem Rücken werden wir uns noch im folgenden Abschnitt »Stimmen die Proportionen?« beschäftigen, deshalb möchte ich hier nur kurz auf dieses Thema eingehen. Betrachten Sie den Rücken Ihres Pferdes daraufhin, ob die Rückenmuskeln gut entwickelt sind oder ob die Wirbelsäule hervorsteht. Um die Rückenmuskulatur zu fördern, sollten Sie längere Strecken ruhig galoppieren oder immer wieder Übergänge zwischen Trab und Galopp reiten. Falls möglich, können Sie versuchen, mit Baumstämmen Cavaletti-Arbeit zu improvisieren, oder kleinere Gymnastiksprünge wagen.

Die harmonische Gesamterscheinung eines Pferdes ist wichtiger als irgendwelche Exterieur-Details.

Stimmen die Proportionen?

Bevor man sich in Details verliert, sollte man sich einen Gesamteindruck verschaffen. Ist das Pferd eher ein Quadrat- oder ein Rechteckpferd? Um sicher zu gehen, können Sie mit Hilfe eines Maßstabes die Widerristhöhe (das Stockmaß) ermitteln. Dann messen Sie die Länge von der Schulterspitze bis zum Ende des Oberschenkelbeins (unterhalb des Hüfthöckers). Ist ein Pferd etwa so lang wie hoch, bezeichnet man es als Quadratpferd. Übersteigt seine Körperlänge das gemessene Stockmaß, spricht man von einem Rechteckpferd.

Ist das Pferd sehr kurz?

Kurze Pferde haben im Verhältnis zu ihrer Rückenlänge sehr lange Beine. Es besteht die Gefahr, dass sie sich mit den Hinterhufen in die Ballen der Vorderbeine treten und sich so die Vordereisen abtreten oder sich verletzen. Sie neigen im Schritt manchmal zu passartigem Schaukeln und zu »gelaufenem« Trab (siehe Seite 85). Noch problematischer wird es, wenn ein sehr kurzes Pferd vorne eher breit und hinten eher eng steht. Dann kann es sich unter Umständen Verletzungen an den Beugesehnen zufügen.

Ein solches Pferd sollte nicht zu stark vorwärts geritten werden, weil dadurch die Gefahr, dass es sich mit den Hinterbeinen in die Vorhand tritt, noch vergrößert würde. Man sollte darauf achten, es beim Vorwärts-Abwärts-Reiten nicht zu tief einzustellen, damit nicht zu viel Gewicht auf die Vorhand kommt, die, dadurch im Abfußen gehemmt, leichter von den Hinterbeinen getroffen werden kann.

Pferde mit kurzem Rücken bieten oftmals die Versammlung geradezu an. Dieses Angebot sollte man sehr bedächtig nutzen und die Trainingseinheiten eher kurz halten, damit die Hinterhandmuskulatur nicht zu früh und zu stark belastet wird.

Hält sich Ihr Pferd im Rücken fest, sollten Sie den Schwerpunkt auf die lösenden Übungen legen und viele Biegungen wie Zirkel, Schlangenlinien, Seitengänge oder Volten reiten. Auch das Galoppieren über längere Strecken kann hilfreich sein.

Ist das Pferd sehr lang?

Ein langer Rücken ist in vielen Fällen auch ein schwacher Rücken. Daher müssen die Muskeln dort besonders gut aufgebaut werden. Wenn Ihnen der Rücken selbst gar nicht so lang vorkommt, dann messen Sie die Länge von Schulterspitze bis zum hinteren Rand des Schulterblattes und vom Hüfthöcker bis zur Sitzbeinspitze. Sind diese Teile besonders lang und der Rücken eher kurz, dann kann das Pferd sehr leistungsstark sein, ist aber schwerer zu versammeln. Sind diese Körperteile kurz und der Rücken lang, kann das Pferd Schwierigkeiten mit der Tragfähigkeit und dem Raumgriff bekommen.

Bei allen langen Pferden ist es besonders wichtig, dass sie zuerst lernen, mit der Hinterhand vermehrt unter ihren Körper zu treten. Hierzu sollte man sie im freien, aber nicht zu schnellen Tempo vorwärts-abwärts reiten. Es besteht jedoch immer die Gefahr, dass die Rückenmuskeln schnell ermüden und das Pferd den Rücken nach unten wegsacken lässt, was Wirbelsäulenprobleme verursachen kann.

Deshalb sollten Sie die Trainingseinheiten am Anfang sehr kurz halten und das Pensum nur langsam steigern.

Sobald das Pferd gut untertritt, kann man versuchen, die Hinterhand stärker zu belasten. Empfehlenswerte Lektionen sind Tempowechsel, Rückwärtsrichten (dabei auf lange Rückwärtstritte achten) und Schulterherein. Bei den Tempowechseln sollte man durch feine Paraden versuchen, die gute Hinterhandaktivität aus dem freien Tempo auch in der Versammlung zu erhalten.

Ist das Pferd sehr breit?

Pferde mit sehr breitem Rumpf haben oft einen unbequemen Schritt,

bei dem der Rücken deutlich von einer Seite zur anderen schaukelt. Gerade für Wanderreiter kann dies sehr ermüdend sein.
Der Galopp fällt einem breiten Pferd meist leicht, weil es durch die größere Unterstützungsfläche mit der Hinterhand gut Gewicht aufnehmen kann. Dafür wird es sich mit den Biegungen eher schwer tun. Sie sollten immer wieder biegende Lektionen wie Zirkel, Schlangenlinien und Achten in Ihre Ritte einbauen.
Aber Achtung: Bei sehr steifen Pferden sollten Sie zu Beginn nur große Bögen reiten und sehr behutsam biegen.

Ist das Pferd sehr schmal?

Schmale Pferde haben häufig einen flachen Rippenbogen und einen engen Brustkorb, sodass sich die Lungen nicht besonders gut entwickeln können. Deshalb sollte man die Belastung bei solchen Pferden besonders vorsichtig steigern.
Außerdem ist die Beinstellung bei schmalen Pferden oft sehr eng, was leicht zu Verletzungen durch Streichen führen kann. Die Beine müssen also stets vor und nach dem Reiten sorgfältig kontrolliert und eventuell durch Streichkappen geschützt werden.
Schmale Pferde erreichen oft eine enorme Wendigkeit, werden jedoch gerade von großen Reitern durch unbedachte Gewichtshilfen leicht aus dem Gleichgewicht gebracht. Um ihren Gleichgewichtssinn zu stärken, reitet man viele Volten und Wendungen.

Das Verhältnis der Vor- zur Hinterhand

Bei einem »regelmäßig« gebauten Pferd ist die Vorhand ein wenig höher als die Hinterhand, weil die Dornfortsätze der Wirbelsäule im Brustbereich sehr lang sind. Im Normalfall trägt das Pferd dennoch mehr Gewicht auf der Vorhand. Grundsätzlich kann man sagen: Liegt zu viel Gewicht auf der Vorhand, muss der Reiter mehr an der Versammlung arbeiten. Liegt dagegen viel Gewicht auf der Hinterhand, ist meist der Raumgriff noch zu verbessern.

Ist das Pferd überbaut?

Bei einem überbauten Pferd liegt der höchste Punkt der Kruppe höher als der Widerrist. Ein überbautes Pferd wird naturgemäß immer mehr Gewicht auf der Vorhand tragen. Da auch der Reiter bergab sitzt, wird durch sein Gewicht die Vorhand noch stärker belastet. Bei einem solchen »Bergab-Pferd« muss man auf jeden Fall daran arbeiten, das Gewicht gleichmäßiger auf alle vier Gliedmaßen zu verteilen. Deshalb sollten Lektionen im Vordergrund stehen, welche die Hankenbiegung fördern, wie z. B. langsamer Galopp, Rückwärtsrichten und Seitengänge.

Ist das Pferd vorne deutlich höher als hinten?

Solche Pferde sind sehr schön anzusehen, weil sie eine natürliche Anlage zur Aufrichtung und Versammlung

Bergab-Pferd: Überbaute Pferde sind hinten höher als vorne.

haben und die leichte Vorhand oft eine hohe Aktion hat. Dafür lässt allerdings oftmals der Raumgriff zu wünschen übrig. Haben sie jedoch einen langen Hals, kann man das Gleichgewicht eventuell verbessern, indem man sie relativ tief einstellt.

Ist bei einem solchen Pferd die Hinterhand stark gewinkelt und sind die Fesseln weich und durchtrittig, kann das Tier nur wenig Last aufnehmen.

Die Gliedmaßen

Die Vorhand – von der Seite betrachtet

Versuchen Sie, bei Ihrem Pferd auch die Stellung der Vorhand zu beurteilen. Bei einem regelmäßigen Körperbau sollten Sie von der Bugspitze (der vorderen Brustlinie) eine senkrechte Linie zur vorderen Spitze des Hufs ziehen können. Trifft die Linie weit vor dem Huf auf den Boden, spricht man von einer rückständigen Vorhand, trifft sie dahinter auf, von einer vorständigen Vorhand.

Eine rückständige Vorhand kann verschiedene Ursachen haben: Die Schulter kann zu steil stehen, das Schulterblatt zu kurz und das Oberarmbein zu lang sein. Eine andere Möglichkeit ist, dass das Oberarmbein zu schräg steht. Häufig sieht man diesen Fehler zusammen mit einer langen, steilen Schulter. Diese Mängel werden verstärkt, wenn das Pferd überbaut ist oder einen schlecht aufgesetzten, schweren Hals hat. Solche Pferde können zwar durchaus energisch vorwärts gehen, erwecken aber häufig den Eindruck, vornüber zu kippen. Oftmals versuchen sie dieses Manko durch eine hohe Halshaltung auszugleichen. Zwingt man solche Pferde in »Normhaltung«, kann dies verhängnisvolle Folgen haben.

Eine vorständige Vorhand kann durch ein zu steil stehendes Oberarmbein verursacht werden oder durch eine sehr schräge, lange Schulter in Verbindung mit einem eher kurzen Oberarmbein. Problematisch ist es, wenn die Fehlstellung durch zu lange, schräg gestellte und dadurch durchtrittige Fesseln hervorgerufen wird, die nur wenig Gewicht aufnehmen können.

Die Vorhand – von vorn betrachtet

Von vorn betrachtet sollte bei regelmäßiger Stellung die Senkrechte von der Spitze des Schultergelenks genau auf die Mitte des Hufes treffen. Bei Pferden mit breiter Brust stehen dabei die Vorderbeine naturgemäß weiter auseinander als bei schmalbrüstigen Pferden. Allgemein sollte zwischen den Vorderhufen etwa ein Huf breit Platz sein. Natürlich können die Gliedmaßen auch bei der Betrachtung von vorne vom regelmäßigen Bau abweichen.

Einwärts gedrehte Beine erkennt man daran, dass die Zehen nach innen zeigen. Sieht man genau hin, erkennt man, welches Gelenk für die Drehung verantwortlich ist. Je höher das Gelenk liegt, umso deutlicher zeigt sich oft das so genannte »Bügeln« der Vorderbeine, das bei manchen Pferden allerdings auch rassetypisch sein kann. Dabei schlenkert das Pferd die Vorderbeine beim Vortreten nach außen. Ist das Schultergelenk dafür verantwortlich, muss das Vorderbein einen weiten Bogen zurücklegen, und es kann zu Taktschwierigkeiten kommen, die nur schwer auszugleichen sind.

Auswärts gedrehte Vorderbeine erkennt man daran, dass die Zehe nach außen zeigt. Je nachdem, welches Gelenk die Fehlstellung hervorruft, beschreibt das Bein beim Abfußen einen mehr oder weniger großen Bogen nach innen. Dabei kann es passieren, dass das Pferd sich streicht und verletzt.

Bei bodenenger Stellung stehen die Beine V-förmig zueinander, bei bodenweiter Stellung steht das V auf dem Kopf, während bei regelmäßiger Stellung die Beine parallel zueinander stehen. So kann der Stoß beim Auffußen der Vorderbeine gleichmäßig durch die Gelenke hin-

Bei diesem Pferd sind die Vorderbeine rückständig und die Hinterbeine vorständig (säbelbeinig).

durchlaufen und vielfach abgefangen werden. Bei bodenenger Stellung ist die Belastung auf der äußeren Seite, bei bodenweiter Stellung auf der inneren Seite des Beins stärker.
Durch die größere Beanspruchung einzelner Gelenkteile, Bänder und Sehnen können leicht Überbeine, Gallen oder sogar Lahmheiten verursacht werden. Auch die Hufwände werden unterschiedlich stark beansprucht und abgenutzt, sodass z. B. Hornspalten entstehen können. Die Trittsicherheit kann beeinträchtigt werden, was wiederum zu Überdehnungen führen kann. Deshalb ist bei Pferden mit solchen Stellungsfehlern ein fachkundiger Beschlag dringend nötig.
Im Allgemeinen kann man sagen, dass eine bodenenge Stellung der Vorderbeine vorteilhafter ist als eine bodenweite. Bei der Hinterhand ist es genau umgekehrt. Eine bodenenge Hinterhand wird Schwierigkeiten haben, Gewicht aufzunehmen.

Die Hinterhand – von der Seite betrachtet

Wenn Sie die Hinterhand von der Seite betrachten, sollten Sie zuerst auf die Winkelung achten. Über steilere Gelenke gleiten die Stöße beim Auffußen leicht hinweg und treffen dann umso stärker das folgende Gelenk. Stark gewinkelte Gelenke hingegen fangen Stöße besser ab, werden aber auch stärker beansprucht.

Zur Beurteilung der Regelmäßigkeit nehmen wir wieder das Lot zur Hilfe. Wenn vom Hüftgelenk (in der Mitte der Hinterbacke) eine senkrechte Linie zu den Trachten, also der Hinterseite des Hufs, zu ziehen ist, hat das Pferd eine regelmäßige Stellung.

Grundsätzlich kann man sagen, dass Pferde, deren Hinterbeine weiter unter dem Körper stehen, Hankenbiegung und Versammlung besonders anbieten. Die Schwachpunkte dieser Tiere sind oft die Sehnen, Bänder und Muskeln der Hinterhand, die manchmal der hohen Belastung, die durch die stark gewinkelten Gelenke entsteht, nicht gewachsen sind.

Auch hier muss man darauf achten, welche Gelenke für die unregelmäßige Stellung verantwortlich sind. Besonders schädlich sind zu schräg gestellte, lange Fesseln, die nicht nur die Tragfähigkeit herabsetzen, sondern auch den Raumgriff behindern. Ein Pferd mit solchen Fesseln sollte z. B. nicht im Distanzsport eingesetzt werden. Wenn man solche Pferde antrainiert, muss man die Belastungen sehr vorsichtig steigern. Anfangs sollte das Pferd nur von einem leichten Reiter im Entlastungssitz geritten werden. Auch die Versammlung darf nur langsam entwickelt werden.

Ob sich eine solche Hinterhand positiv oder negativ auswirkt, hängt von den anderen Gebäudemerkmalen ab. Ist ein solches Pferd überbaut, wird die Belastung der Hinterhand verringert, während eine hohe Vorhand mit hoch aufgesetztem Hals die Belastung verstärkt.

Pferde, deren Hinterhand nach hinten heraussteht, werden in den meisten Fällen viel Raumgriff und Schubkraft anbieten. Fast immer treten ihre Beine aber zu wenig unter den Schwerpunkt. Ist ein solches Pferd zusätzlich noch überbaut, wird es nur schwer zu versammeln sein. Solche Pferde müssen sehr sorgfältig von hinten nach vorn geritten werden, sonst besteht die Gefahr, dass sie den Rücken wegdrücken und die Hinterbeine noch weiter nach hinten herausstellen, was zu Rückenproblemen führen kann.

Die Hinterhand – von hinten betrachtet

Auch die Hinterbeine sollten – von hinten betrachtet – senkrecht und parallel zueinander stehen. Die Senkrechte fällt bei regelmäßiger Stellung vom Sitzbeinhöcker auf die Mitte des Hufballens.

Bei der kuhhessigen Stellung stehen die Sprunggelenke nah beieinander und die Hufe bodenweit auseinander. Solange die Hüfte breit genug ist, kann diese Fehlstellung als Schönheitsfehler angesehen wer-

Die kuhhessige Stellung der Hinterbeine ist vor allem bei Gangpferden und Ponys nicht selten.

den. Das Pferd kann normal mit der Hinterhand vorgreifen und sie zum Tragen einsetzen. Ist die Hüfte sehr schmal und stehen die Sprunggelenke sehr eng, können sie einander streifen. Wegen der weit auseinander stehenden Hufe kann die Hinterhand dann instabil werden.
Einwärts gedrehte Hinterbeine kommen in ausgeprägter Form nur sehr selten vor. Wenn die Sprunggelenke weit auseinander und die Hufe eng beieinander stehen, spricht man von einer fassbeinigen Stellung. Negativ auswirken wird sich dieser Fehler hauptsächlich dann, wenn das Pferd in den Gelenken dreht. Hier sollte man auf jeden Fall den Hufschmied befragen, welche Maßnahmen dem Pferd helfen können. Wenn die Hinterhufe sehr dicht zusammenstehen, kann man Verletzungen unter Umständen durch Streichkappen oder Gamaschen vorbeugen. Bei tiefem

Boden, einem schweren Reiter oder bei großer Ermüdung wird das Streichen stärker auftreten als bei normaler Belastung.

Das Zusammenspiel von Vor- und Hinterhand

Damit Vor- und Hinterhand gut zusammenwirken können, müssen die Kräfte gleichmäßig verteilt sein. Man kann sich die Beinpaare auch wie zwei Läufer vorstellen, die eine Sänfte tragen. Es nützt nichts, wenn nur der vordere oder der hintere ein exzellenter Sprinter ist – wichtiger ist, dass ihre Schrittlänge zusammenpasst. Nur ein Pferd mit harmonischen Bewegungen wird wirklich trittsicher und ausdauernd sein und dauerhaft gesund bleiben. Nehmen wir deshalb jetzt die Stellung der Vorder- und Hinterbeine zueinander unter die Lupe.
Wenn Vorder- und Hinterbeine vor der Senkrechten stehen, ist das Pferd für die Versammlung gut geeignet. Sein Schwerpunkt liegt eher hinten, was allerdings auf Kosten des Raumgriffs gehen kann. Erlaubt man solchen Pferden, sich vorwärts-abwärts zu strecken und ihren Schwerpunkt ein wenig nach vorn zu verlagern, werden sie bald auch mehr Raumgriff entwickeln und dabei sehr trittsicher sein. Allerdings sollten sie nur vorsichtig und langsam trainiert werden, damit sie nicht ständig unter Muskelkater leiden.
Stehen Vorder- und Hinterbeine hinter der Senkrechten, hat man als Reiter das Gefühl, das Pferd würde seinem Gleichgewicht hinterherlaufen. Dabei neigt es dazu, immer schneller zu werden. Denn es versucht, mit den Vorderbeinen weiter vorzugreifen, um die Balance wiederzufinden. Solche Pferde sollten mit relativ hoher Kopfhaltung geritten werden. Stellt der Reiter ein solches Pferd zu tief ein, wird es Schwierigkeiten mit der Balance und der Trittsicherheit bekommen. Häufig zeigen diese Pferde eine schnelle, kurze Trabaktion, die man ihnen auch lassen sollte. Um lange Freude an einem solchen Pferd zu haben, sollte man versuchen, den Schwerpunkt mit versammelnden Lektionen wie Tempowechseln, Rückwärtsrichten und Seitengängen nach hinten zu verlagern.

Ein Wort zu den Muskeln

Die Muskulatur sollte sich an der Hinterhand deutlich abzeichnen. Nehmen Sie einmal den Schweif beiseite, und schauen Sie sich auch die Innenseiten der Hinterbeine an. Die Muskeln der Hinterhand können durch die gleichen Übungen gestärkt werden wie die Rückenmuskulatur: ruhige Galopparbeit auf langen Strecken, häufiges Angaloppieren aus dem Trab sowie das Reiten in hügeligem Gelände.

Bei rückständiger Vorhand und vorständiger Hinterhand stehen die Beine sehr dicht beisammen, was einige Schwierigkeiten bereiten kann. Zum einen werden Raumgriff und Trittsicherheit eingeschränkt, zum anderen ist das Verletzungsrisiko bei solchen Pferden sehr groß. Gerade in den schnellen Gangarten muss der Reiter sehr gut aufpassen. Treibt er zu viel, kann die nach vorn gerichtete Hinterhand schnell in die Vorhand greifen. Hält er sein Pferd im falschen Moment zurück, bleibt das nach hinten gerichtete Vorderbein zu lange stehen und wird ebenfalls vom Hinterhuf getroffen.
Bei weit auseinander stehender Vor- und Hinterhand haben die Pferde oft Schwierigkeiten, ihre Beine koordiniert zu bewegen. Außerdem neigen sie bei stark gestreckter Haltung zu Rückenproblemen und sind dadurch in ihrer Leistungsfähigkeit eingeschränkt. Im Distanzsport oder bei ausgedehnten Wanderritten können sie Schaden nehmen. Ein solches Pferd braucht einen aktiven Reiter, der dafür sorgt, dass es so weit wie möglich untertritt. Im Gelände sollte man am Anfang der Ausbildung versuchen, durch flottes Vorwärtsreiten das Untersetzen der Hinterbeine zu fördern. Wenn dies gelingt, sollte man immer wieder versammelnde Lektionen einfließen lassen, damit die aktivierten Hinterbeine auch Gewicht übernehmen. Hier sind gerade die Seitengänge sehr hilfreich, weil sie die Koordination des Pferdes verbessern. Das Versammeln muss aber sehr bedächtig geschehen, damit das Pferd nicht anfängt, mit der Hinterhand wieder kürzer zu treten. Auch mit Bodenarbeit und dem Üben an Stangen-, Geschicklichkeits- und Trailhindernissen sowie mit Körperarbeit nach Linda Tellington-Jones kann man dem Pferd helfen, seine Bewegungen zu koordinieren.

Lassen Sie sich nicht entmutigen!

Nach einer solchen Analyse schlagen viele Reiter die Hände über dem Kopf zusammen und sind entsetzt, was sie sich da für einen Krüppel haben andrehen lassen. Manche Reiter verfallen gar in eine Art Lethargie. Sie vergessen dabei, dass sich viele Abweichungen von der Norm gegenseitig aufheben oder sich ausgleichen lassen.
Werfen Sie nicht gleich die Flinte ins Korn, wenn Ihr Pferd nicht optimal gebaut ist: Es gibt kaum einen körperlichen Mangel, der nicht durch entsprechendes Training abgemildert werden könnte.

Bitte nichts erzwingen!

Wer nun versucht, sein Pferd mit radikalen Maßnahmen in die Norm zu zwingen, überfordert es schnell. Er verlangt von seinem Pferd Bewegungen, die es nicht ausführen kann oder die ihm Schmerzen bereiten, anstatt dem Tier ein besseres Körpergefühl und mehr Sicherheit zu vermitteln. Je nach Temperament wird der Vierbeiner versuchen, passiven oder aktiven Widerstand zu leisten.

Auf diese Weise entstehen auch schnell psychische Probleme, die wiederum einen starken Einfluss auf den Verschleiß haben. Denn das Pferd kämpft immer wieder gegen Anforderungen des Reiters an, von denen es eigentlich profitieren sollte.
Widerstehen Sie also der Versuchung, Ihr Pferd in ein Normschema zu pressen, sondern stimmen Sie Ihre Anforderungen individuell auf die körperlichen Möglichkeiten Ihres Pferdes ab.

Aber auch die eigenen Fehler sollte man nicht aus dem Blick verlieren. Wenn ein Pferd nach zwei Jahren unter dem Sattel immer noch keine Rückenmuskulatur entwickelt hat, ist dies mit Sicherheit nicht dem Pferd anzulasten.
Betrachten Sie also nicht nur Ihr Pferd, sondern auch sich selbst kritisch, und bleiben Sie geistig und körperlich flexibel. Dann können Sie auch mit einem nicht ganz so perfekt gebauten Pferd über lange Zeit viel Freude am Geländereiten haben.

SACHREGISTER

A

B

D

E

G

H

K

L

T

t

U

u

V

v

W

w

Z

z